가람 이병기 전집 21

시조선집 II

— 현대시조선총 —

이 도서는 2024년 국립대학육성사업의 지원을 받아 수행되었음
이 도서는 2024년 익산시와 전라북도의 지원에 의해 간행되었음

가람 이병기 전집

㉑

시조선집 II

현대시조선총

전북대학교출판문화원

시조선집 Ⅱ

현대시조선총

목 차

Series of Modern Korean Si-jo Poetry

The arthors appreciate the coordination of Asia Foundation on publishing this book.

장정裝釘 박수근朴壽根

제자題字 일중一中…김충현金忠顯

구성構成 편자編者

표지도안表紙圖案은 고구려高句麗 무용총舞踊塚 벽화壁畵를 바탕 삼았음

현대시조선총

시조문학전집時調文學全集 1

현대시조선총現代時調選叢

가람 이병기李秉岐 월하月河 이태극李泰極 공저共編

『현대시조선총』(이병기. 이태극 공편, 새글사, 1958.) 표지 사진

새글社

일러두기

1. 본디 『現代時調選叢』(李秉岐·李泰極 共編, 새글사, 1958)에는 한자에 한글 독음이 병기되어 있지 않으나, 독자들의 가독성을 고려하여, 이 책에서는 '한글漢字'와 같이 병기한다.
2. 맞춤법은 원본 출판 당시의 형태에 준하나, 띄어쓰기는 오늘날의 기준에 준하였다.
3. 본문 표기에서, 쉼표·마침표 표기는 원문대로 하였다.
4. 원본의 잘못된 오탈자들은 바로잡되, 시적인 표현과 관련된 것들은 모두 그대로 두었다.

서序

이 시조집時調集에서 필자는 세 가지 특징을 발견할 수 있다고 생각한다.

그 첫째는 「현대現代」라는 것이니, 시詩에 있어서 현대라 하면, 우선 자유시自由詩—무정형시無定型詩를 직관直覺하게 된다. 시조 같은 것은 대개 비현대적인 것 모양으로 여기는 경향이 매우 농후하기 때문이다.

현대 시인이 어떻게 시조와 같은 짧은 형식과 제한된 율격 속에서 복잡다단複雜多端하고 분방불기奔放不羈한 시상詩想을 동분서치東奔西馳 마음대로 구사시킬 수 있겠느냐 하는 것이 일반적인 호소와 같이 들린다. 그리하여 시조와 현대는 피차간 모순개념矛盾概念이 되는 듯한 느낌을 주고 있다.

그런데 이 시조집에서는 이 모순矛盾이 잘 지양止揚되어 있다. 서기 1900년 이후에 등장한 명실상부한 현대 시인 중에서 65명을 택하여, 그들의 작품을 수록하였다. 과연 시조가 현대와 모순되느냐 않느냐 하는 것은 독자가 이 시조집을 독파讀破함으로써 현명한 판단을 내리게 되리라는 것을 믿어 마지않는다.

둘째는 이 시조집이 「앤솔러지Anthology」인 점이다. 65명의 작품, 편수篇數로 456이요 도합 953수에 이르는 방대한 작품집이다. 편자編者는 비록 겸허한 태도를 취하여, 여기에 수록한 작품은 현대시조 발달의 과정을 살피는 데 편리하도록, 될 수 있는 대로 넓은 범위에서 택하였으며,

반드시 작품 본위의 면에서만 고려하지 않았다고 하지마는, 실상은 개개 주옥珠玉이라고 하여도 좋다고 생각한다. 적어도 동일한 작자의 작품 중에서는 가장 수일秀逸한 것을 골랐으리라 믿는다. 그리하여, 만화경萬花鏡 속을 들여다보는 듯, 또는 방향芳香이 복욱馥郁한 화원花園을 거니는 듯한 느낌을 금할 수 없다. 어쨌든 현대시조로는 처음 되는 「앤솔러지」다.

그리고, 셋째로는 시조時調 혁신革新의 기운이 약여躍如하게 나타나 있는 점이다. 고시조에는 우선 제목題目이 없다. 그런데, 현대 작가의 시조 작품은 거의 예외 없이 시제詩題가 붙어 있다. 이 사실 한 가지만으로도 고시조古時調와 신시조新時調를 구별하는 좋은 조건이 될 것이다.

또 고대 시조時調에 있어서는 그 주제의 여하를 막론莫論하고, 단수單首로 표현하고 완결完結 하였든 것이다. 그런데, 현대작품에 있어서는 한 개의 주제 밑에서 몇 수首든지 계속하여 읊게 되었다. 이 사실은 현대인의 아무리 복잡하고 다단한 생활과 감정과 나아가서 시상이라도 무난히 표출할 수 있는 신국면新局面을 타개하여 놓은 시조계時調界의 중대한 혁신革新이라 하겠다. 그러므로, 현대인이 시조의 단형單形에 대하여 이 이상 불평을 늘어놓을 이유는 이미 소멸掃滅되었다고 생각된다.

요새 산문시라는 것도 성행하지마는 도대체 시詩라는 것이 수다스러운 표현으로 이루어져야만 하는지가 필자로서는 큰 의문이다. 동양에서 시의 요체要諦로 「어단의장語短意長」이란 말이 있는 것과 마찬가지로, 「포에지Poesie」의 요소를 알알이 털어내서 달제獺祭와 같이 진열陳列해 놓아야만 걸작傑作이 된다고는 생각되지 않는다.

될 수 있는 대로 표현을 압축壓軸하여, 중요重要한 「포인트」를 따린다든지, 혹은 변죽만 울림으로써, 부분을 통하여 통체統體를 들여다보도록 하는 것이 도리어 작품의 가치를 높이는 요건이 되지 않을가 한다. 여담餘談

모양으로 한 마디 붙여 둔다.

그리고, 개신改新의 또 한 가지 중요한 현상現象은, 율격의 변혁變革을 꾀하는 신인新人이 상당히 출현 되는 점이다. 편자의 한 분인 가람부터가 벌써 이 면에 손을 댄지 오래지마는, 어쨌든 여러 면에서 시형의 변경을 시험하려는 노력이 보인다. 이 점에 대하여는 필자도 어떠한 주견主見을 가지고 있으나, 이것을 피력할 지면이 아니기로 약略하거니와, 한 마디만으로써 제언한다면, 시조인 이상 종래의 시조 창법으로 순탄順坦하게 창영唱詠이 가능하여야 한다는 계선界線은 지켜야 되리라고 믿는다.

시조를 살리고 싶고, 살려야 할 필요가 있고, 또 살릴 수 있다는 것은 필자의 지론이다. 이것이 실현될 수 있다는 데 대하여, 이 『현대시조선총現代時調選叢』은 유력한 증언자가 되리라 믿는다.

끝으로 이 귀중한 작품집의 서문序文은 당초에 가람이 쓰기로 되어 있고, 당연히 그렇게 되어야 할 것인데, 불행히도 가람의 건강이 이를 허락하지 않았기로 필자가 감히 이런 짓을 하게 되었으며, 그의 건강이 하루 바삐 쾌유 되기를 간절히 비는 동시에, 또한 편자 두 분의 수고에 대하야 감사의 뜻을 표하여 마지않는다.

단기 4291년 한식절寒食節에
일석一石 이희승李熙昇 씀.

평시조 악보

고두동高斗東 편篇

고두동 아호雅號 춘강春岡 또는 황산皇山

시조시인時調詩人 단기檀紀 4236년생年生

본적本籍 경남慶南 충무忠武(통영統營)시市

현주現住 부산시釜山市 대교동大橋洞

출신出身 고등부기학원高等簿記學院 수업修業

현직現職 실업實業(서화수집書畵蒐集)

저술著述 시조작時調作 및 평론評論 등等 다유多有

특기特記 유시幼時에는 「춘강春岡」이라 아호雅號하였고

4256年 『참새』동인同人

4286年 『시조연구時調硏究』지 창간誌創刊

4267年부터 26년간 전매국專賣局 근무

근무勤務 부산지방釜山地方 전매서장專賣署長 역임歷任

숲

내 또한 숲이 되어
하늘을 이고 서고 싶다

이따금 구름과 서로
천심天心을 가져도 보고

된서리 단풍이 든 양
곱게곱게 타도 보고

1956. 9.『새벽』

조각彫刻

물결이 뚫고 새긴
바다ㅅ가 저어 돌벽

유달리 맘 끌리되
뉘 하나 못 따름은

억만億萬 번 대인 솜씨의
세세細細함을 알리라

연륜年輪

오랜 세월歲月을 따라
자라난 저어 연륜年輪

무수한 성상星霜이 가고
계절季節마다 깃들었으되

자로서 자일 양이면
푼分에 넘지 않는다

여운餘韻

여운餘韻은 그림자인 양
실체實體 두곤 더 짙더라

품기는 향기처럼
그윽한 그 운향韻響

가슴에 메아리 되어
절로 들려 오누나

풍경도風景圖

채필彩筆에 대신하여 언어言語로서 풍경도風景圖를
그리려고 시도試圖하여 보았다

1. 강江

어데나 열린 길을 내 맘 또 강江으로 간다
모래기슭 해오라기 귓속말도 들어 보고
바람이 괴안긴 돛에 슬쩍 실려 흐르고

2. 거리

호화론 거리에 서서 한 동안을 바라보다
잇달은 차車와 사람 귀를 잃고 밀려가되
태양太陽은 그저 그 모양 한 웃음을 치고 있다

영의詠義

움막에 몸을 묻어 명리名利 박차고 살지라도
씻은 듯한 맘이야 옥玉이 어이 따를 것가
후세後世에 물릴 그 빛이야 의義를 두고 없느니

의사義士

받들어 가슴속에 언제나 모셔둔 님
씩씩하던 그 빛이 때로 나를 깨우시네
의義로써 자라난 넋이어던 의義에 살아가라고

삼일절三一節

뼈에 스민 설움 칼 없이 싸우던 이 날
보던 눈 듣는 귀들 또 다시 분에 젖네
이따금 웃는 그 웃음 눈물도곤 쓰구나

삼팔선三八線

아득한 세월歲月을 따라 한결같이 이어 살 땅에
두 진陣이 총대와 칼로 서로 버틴 삼팔선三八線아
복을 빌 이날이 오면 너도 울어 새리라

일석一石 이희승李熙昇 선생先生의 수연壽宴을 비옴

흐린 그날에도 굳이 의義를 지킨 님이
어느듯 수연壽宴을 맞아 기쁜 잔盞 드시오니
고되던 그날그날이 도로 복이오이다

님의 깎고 닦은 언어학言語學 한글풀이
또록한 명성明星처럼 우리의 구슬이매
버젓이 서린 그 무늬 더욱 빛을 내소서

의암義巖

주검의 산山더미로 이루던 진양성晋陽城에
원수를 감아 쥐고 분憤히 날아 뛰던 바위
사람은 가고 안 오되 물이 돌아 흐른다

당시當時 슬픈 얘기 참아 어이 말을 하랴
의義 두곤 목숨이 가볍다 하리마는
뉘가 다 의암義岩에 서서 나도 하마 하렸던가

꿈

나의 꿈 날로 흘러 쌓인 해이 사십여 년四十餘年
겪어온 풍상風霜이야 가시처럼 험하지만
쇠도곤 굳센 이 뜻이 내생生인 듯하여라

어린 아 벗듯 자라 그 조차 아비 되고
실주름 수염 낯을 할배 불러 따르거니
또다시 한 십 년十年 가면 어느 꿈을 보려나

공간空間

공간空間 그는 매양
그리매 없는 탑塔일레라

흘러간 세월이
사뭇 꿈속일래

이래도 우러러 보고
하염없는 이 마음

1956. 12. 『영문嶺文』

두견杜鵑

귀촉도歸蜀途 우는구나
피나게도 불여귀不如歸를

달도 흐린 밤을
저 울음에 젖어지면

내 설음 도로 어이없어
넋을 놓고 듣는다

1957. 12.『현대문학現代文學』

김기진金基鎭 편篇

김기진 아호雅號 팔봉八峰

소설가小說家 단기檀紀 4236년생年生

본적本籍 충북忠北 청주淸州 팔봉리八峰里

현주現住 서울특별시特別市

출신出身 배재고보培材高普 졸업卒業

입교대학立敎大學 영문학과英文學科 수업修業

현직現職 문총文總 최고위원最高委員

저술著述 『해조음海潮音』, 『재출발再出發』, 『청년靑年 김옥균金玉均』 등等

장편소설長篇小說, 기타其他 평론評論 다유多有

특기特記 『서울신문』, 『조선일보』 등等의 기자생활記者生活

『백조白潮』 동인同人 문화文化 운동運動

무제無題

망덕산望德山 활쏘들이 흑룡黑龍을 쏘아 잡어
아흔아홉 굽이 남지南池물 흘른 후後에
이성계李成桂 나셨다 하데 믿어 옳단 말인가?

한 굽이 모자라서 서울이 못됐다고
고읍古邑을 지나오며 말하는 그대인가
오백 년五百年 지나간 전설傳說 캐고 묻지 않겠네

1935. 『동아일보東亞日報』

시조삼장時調三章

엉성한 수풀 속에 낙엽落葉소래 날 속인다
어느 덧 해 저물고 새 소리 외롭고나
남산南山에 가을 깊으니 떠날 줄을 몰라라

세월歲月이 덧없으니 탄식嘆息이 절로 난다
마지막 남은 잎이 가지에서 떨어지네
초록草綠의 고운 단장丹粧은 내년 봄에……

마른 풀 성근 곳에 들국화菊花 외로워라
낙엽落葉 방석 우에 뉠 생각코 해 지우노.

오실 님 계신가 하니 바람 소래 야속해

1935. 지음

김상옥金相沃 편篇

김상옥 아호雅號 초정草汀

시인詩人 단기檀紀 4252年生

본적本籍 경남慶南 통영統營(충무忠武)시市

현주現在 경남慶南 충무시忠武市 문화동文化洞

현직現職 마산제일여고馬山第一女高 교사敎師

저서著書 시조집時調集『초적草笛』 1947. 4. 15. 간刊

시집詩集『고국故國의 곡曲』, 『이단異端의 시詩』

『금상衾裳』, 『목석木石의 노래』

동시집童詩集『석류꽃』

특기特記 인쇄소印刷所 서점書店 근무勤務

『문장文章』지誌 추천推薦 시조인時調人(4274년年)

시조작가時調作家에서 자유시인自由詩人으로 해방解放 후後 교원생활敎員生活로 현재現在에 이름

비오는 분묘墳墓

등을 등을 넘어 가서 골도 차츰 으늑한데
무덤은 도란도란 한 뜸으로 둘러 있고
비 오는 안개 속으로 버레소리 자옥하다

여기 다른 하늘 낮과 밤이 흘러가고
금잔듸 다 젖어도 비설겆이 하지 않고
외로운 넋들이 모여 의초롭게 사는도다

봉선화鳳仙花

비 오자 장독간에 봉선화 반만 벌어
해마다 피는 꽃을 나만 두고 볼 것인가
세세한 사연을 적어 누님께로 보내자

누님이 편지 보며 하마 울가 웃으실가
눈앞에 삼삼이는 고향집을 그리시고
손톱에 꽃물 들이던 그날 생각하시리

집오리

때 묻은 쭉지 밑에 푸른 꿈을 안아 두고
나날이 욕된 삶을 개천에서 보내건만
때때로 고개 비틀고 눈을 감고 느끼도다

몸이야 더럽혀도 마음만은 아껴 가져
슬픔도 외로움도 달게 받아 겪었거니
목 메인 그 울음소리 어느 날에 그치려나

추천鞦韆

멀리 바라보면 살아질 듯 다시 뵈고
휘날려 오가는 양 한 마리 호접胡蝶처럼
앞뒤 숲 푸른 버들엔 꾀꼬리도 울어라

어룬 님 기다릴가 가벼웁게 내려서서
포란 잠簪 빼어 물고 낭자 고쳐 찌른 담에
오지랖 다시 여미며 가쁜 숨을 쉬도다

백자부白磁賦

찬 서리 눈보라에 절개 외려 푸르르고
바람이 절로 이는 소나무 굽은 가지
이제 막 백학白鶴 한 쌍이 앉아 깃을 접는다

드높은 부연 끝에 풍경風磬소리 들리던 날
몹사리 기달리던 그린 임이 오셨을 제
꽃 아래 빚은 그 술을 여기 담아 오도다

갸우숙 바위틈에 불로초不老草 돋아나고
채운彩雲 비껴 날고 시내물도 흐르는데
아직도 사슴 한 마리 숲을 뛰어 드노다

불속에 구워내도 얼음같이 하얀 살결!
티 하나 내려와도 그대로 흠이 지다
흙속에 잃은 그 날은 이리 순박純朴하도다

사향思鄕

눈을 가만 감으면 굽이 잦은 풀밭 길이
개울물 돌돌돌 길섶으로 흘러가고

백양白楊숲 사립을 가린 초집들도 보이구요

송아지 몰고 오며 바라보던 진달래도
저녁노을처럼 산山을 둘러 퍼질 것을
어마씨 그리운 솜씨에 향그러운 꽃지짐!

어질고 고운 그들 멧남새도 캐어오리
집집 끼니마다 봄을 씹고 사는 마을
감았던 그 눈을 뜨면 마음 도로 애젓하오

선죽교善竹橋

사설시조

이런들 어떠오리 저런들 어떠하오리 술을 떫아 권하오거날
백사가百死歌 읊으시오며 그 잔盞을 돌리오시다
그 몸이 아으 죽고 또 죽고 천만千萬 번을 고치오셔도 한번 간肝에다
사기온 뜻은 굽힐 길이 없드오이다

아으 그 노래 읊으온 뒤에 반천 년半千年도 하로온 양 오로다 왕씨王氏
이조李朝도 한길로 쓸어져 꿈이도이다
임 한번 베오신 피가 돌이 삭다 사라지오리
돌 난간欄干 마자 삭아지어도 스며드오신 붉은 그 마음은 흐릴 길이

없으리오이다

이상以上 시조집時調集 『초적草笛』 초抄

김상용金尙鎔 편篇

김상용 아호雅號 월파月坡

시인詩人 단기檀紀 4235년생年生

본적本籍 경기도京畿道 연천蓮川

출신出身 일본입교대학日本立教大學 영문과英文科

현직現職 무無

저술著述 시집詩集『망향望鄕』

특기特記 시詩, 평론評論, 수필隨筆의 발표發表 많음.

이화여대교수梨花女大教授 역임歷任

시조시인時調詩人 김오남金午男 씨氏 오빠

단기檀紀 4284년年 별세別世

어린것을 잃고

괴로운 이 사파娑婆에 먼저 간 네가 붊다
붊은 네 신세라 굳이 잊자 하건마는
눴든 네 자리 볼 때면 가슴 먼저 막히누나

동삼삭冬三朔 바람 차고 북망北邙에 눈 덮이면
가엾다 어린 네가 지하地下에 어이 자련
오늘도 흙바닥 짚고 우는 줄을 아느냐

머리맡 등만 봐도 좋다 둥둥 하든 내가
호올로 지하칠벽地下漆壁 어두워 어이하랸
이제는 달만 솟아도 갑창 굳이 닫으리라

불 없다 설어 말고 달 밝건 달을 보고
서산西山에 달이 지건 머리맡 별을 보고
비구름 별마자 덮건 고이 잠이 들거라

1938. 11.『여성女性』

바친 몸

건곤乾坤을 지으시고
이 몸을 나셨도다

반만 년半萬年 대업大業을
이룩할 날이 오다
홍모鴻毛로 바친 몸이니
두릴 것이 없어라!

해방解放된 지 얼마 지나지 아니 하여

실제失題

그 사람의 은근한
귓속말에 넋이 젖어
비바람 골에 궂으나
그날이 그리웁다!
가슴의 이 초롱불
꺼지면 봄마자 어두우리!

재미시절在美時節 작시일作詩日 불명不明

바다

바다도 마를 것이
하늘로 변할 것이

무량법계無量法界를

말할 이 누구런고!

일점一點의 일순一瞬의 몸을
일러 무삼 하리오!

1947년年 10월月 18일日 오후午後
아류산 근해近海를 지나며 「엘틴지」호號 선상船上에서

김영진金永鎭 편篇

김영진 아호雅號 아산羅山·적라산인赤羅山人

시인詩人 단기檀紀 4234년생年生

본적本籍 경북慶北 군위군軍威郡

현재現在 서울 성동구城東區 신당동新堂洞

출신出身 동양대학東洋大學 문과文科 졸업卒業

현직現職 평화신문사平和新聞社 주필主筆

저술著述 논문論文과 시조발표時調發表 계속繼續

특기特記 『신민新民』 주재主宰

대학교수大學教授 및 기자생활記者生活

자규사子規詞

비 자고 바람 자고
달 짖든 개도 잔다
낙화도 뜰에 가득
다 쓸어져 잠자는데
자규야 너만이 홀로
잠 못 들어 하느뇨

불국사佛國寺

청운교靑雲橋 백운교白雲橋여
연화도장蓮花道場 어디메오
구름 흩어지고
사람마저 간 연후에
가마득 천년千年이고나
너만 홀로 남었냐

만취귀가滿醉歸家

건드레 취했언들

진금다리 못 건너랴
서산에 기운 달도
여울[灘] 잡아 비치겄다
귀 익은 개소리 나니
집 다 온 줄 알러라

고경부古鏡賦

1.

고은 님 가시올 제
님께 따른 둥근 거울
천千 년 지닌 날에
다시 올 줄 알았으랴
그 님은 어디 게시게
너만 홀로 왔느냐

2.

달 같이 둥근 거울
꽃 같은 님 비췄으리
님 계신 그날에야
티 한 갠들 앉았으랴
녹 쓸고 금갔을망정
옛님 뵌 듯 하고나

3.

푸른 비단 장막 속에
고은 얼굴 감초신가
랑랑한 웃음소리
하마 날 듯 하다마는
풍기는 향내 조차를
맡아볼 길 없고나

1939. 4월『문장文章』

눈[眼]

천千 길의 깊은 소ㄴ[淵]들
저 눈 같이 고요할가
새벽 하늘 샛별인들
저 눈보다 맑을 것이
금강석 말[斗]을 꿔여도
바꿔줄 법하더냐

그리움

1.

손바닥만 한 얼굴이

바다만큼 그리웁고
아름한 옛꿈이
폭포같이 울려오네
이 밤도 술에나 취할가 해서
등불 찾아 헤매오

2.

바람이 건듯해도
그 바람에 싸이신 듯
구름이 둥실 떠도
저 구름에 타시온 듯
여보오 소리 높여서
불러 보고 싶고나

3.

아침 잔디 이슬 속에
그대 얼굴 찾으랴오
저문 날 실바람 끝에
그대 음성 들으랴오
언제나 이 아쉬운 마음
걷어가려 하나요

야국野菊의 추억追憶

들국화 꺾어 모아
네게 안겨 주었더니
내 마음 가난하여
너를 위해 못 다한 정情
올해도 그 움 돋쳐서
새 꽃 피었으려니

너를 위해서

이 밤이 깊기 전에
네가 고이 잠들기를
눈보라 치기 전에
네가 먼저 포곤하길
어느 때 너를 잊을가
잊어 볼길 없고나

김억金億 편篇

김 억 아호雅號 안서岸曙

시인詩人 단기檀紀 4228年生

본적本籍 평북平北 정주定州

출신出身 경응대학慶應大學 문과文科 수업修業

저술著述 시집詩集『안서시집岸曙詩集』

역시집譯詩集『오뇌懊惱의 무도舞蹈』

시조역집時調譯集『역대여류한시선집歷代女流漢詩選集』,

『금잔듸』,『옥잠화玉簪花』 등

특기特記 『폐허廢墟』동인同人, 교원敎員, 기자記者 저술생활著述生活

6·25 당시當時 납치拉致

무심無心한 봄바람에

님 그려 나는 시름 그 누구게 부칠른고
바람에 부치자니 허황해 못 믿어를
두어라 님야 모른들 무삼한限이 있으리

바람아 불량이면 너 혼자나 불을 것이
이다지 내 몸을 부질없이 휘도는다
님 탓에 늙은 마음이 날아갈가 하노라

그리는 님 생각은 바람에도 근심일지
한 번 곳 불려드란 돌을 길은 바이 없고
넓은 들 높은 하늘을 어이 돌가 하노라

1931. 4. 9.『동아일보東亞日報』

행로난行路難

봄철엔 꽃이 피고 가을엔 잎 진다만
매양에 같은 마음 한 길로 가질시면
세상世上도 무슨 시름에 외로울 줄 있으리

냇물은 굽이굽이 그 굽이 험한 것을
산山길은 오불꼬불 양장羊腸도 못 미쳐를

한 세상世上 사람살이야 물어 무엇 하리오

산山 높아 험하여란 기어도 넘을 것이
물 깊어 거츨거든 헤어도 건넬 것이
번갠 양 변變하는세심世心 어일 길이 없소라

『조선문학전집朝鮮文學全集』시가편詩歌篇

규원閨怨

이하以下 한시漢詩 시조역時調譯

아닌 밤 규방閨房에는 봄빛만 깊어 가고
뜰 우엔 꽃송이가 고요히 떨리올 제
거믄고 한가락 타니 마음 더욱 설소라

竹院春深曙色遲 小庭人寂落花飛
瑤箏彈罷江南曲 萬斛愁懷一片詩

이조규수한시선집李朝閨秀漢詩選集『금잔디』중中 매창梅窓 작作

기회記懷

눈보라 창窓을 칠 제 그 님야 닞을것가

이승서 못 볼 진대 어대로 몸이 죽어
저승도 달 밝은 밤에 풍악風樂 잡고 만나리

梅窓風雪共蕭蕭 暗恨幽愁倍此宵
他生緱山明月下 鳳簫相訪彩雲衢

동상同上

까치 짝짝

오마든 님은 늦고 매화梅花만 뜰에 질 제
반갑다 까치 짝짝 님께서 오시랴나
거울에 얼골 비최고 두 눈섭만 짓나다

有約郎何晩 庭梅欲謝時
忽聞枝上鵲 虛畵鏡中眉

동同 옥봉玉峰 작作

원앙이 잠을 깨리

호수湖水에 달 밝다고 연蓮꽃을 따는 님아
배 저어 기슭으로 가까이 가지 마소
행幸여나 잠든 원앙이 깨어날가 하노니

湖裏月初明 采蓮中夜歸

輕撓莫近岸 恐驚鴛鴦飛

동同 난설헌蘭雪軒 작作

빈녀貧女의 노래

주려도 그런 체를 꿈에도 안 보이고

왼종일終日 창窓가에서 쓸쓸이 벼만 짜네

부모父母는 애연해 하되 이웃이야 알으리

不帶寒餓色 盡日當窓織

惟有父母憐 四隣何曾識

동상同上

연광정練光亭

긴성城 밑 흐르는 물 다락을 올나가니

어선漁船을 탔달는가 강江 우에 뜬 듯한 제

백구白鷗만 물쎈 모래에 눈나리듯 하더라

一面長城漾洇流 憑欄恍若座漁舟

不知片雪從何落 潮退平沙下白鷗

동同 부용芙蓉 작作

겨울밤

눈 날씨 퍼런 하늘 맘 둘 곳 없는 것을
지척咫尺에 님을 두고 꿈에도 못 보나니
천금千金을 아깝다 말고 잔을 들고 예오리

滿天雪意奄樓台 咫尺懷人夢不來
回耐光陰如逝水 千金莫惜酒頻開

동同 죽서竹西 작作

추우야秋雨夜

님 소식消息 알 길 없어 외로이 창窓 닫으니
긴 밤을 오동梧桐잎은 서러이 노래하고
낙수는 처마 끝에서 애원애원哀怨哀怨 하더라

天涯芳信隔 寂寂掩深戶
永夜鳴梧葉 簷端有疎雨

동同 삼의당三宜堂 작作

김오남金午男 편篇

김오남

시조시인時調詩人 단기檀紀 4239년생年生

본적本籍 경기京畿 연천漣川

현재現在 서울특별시特別市 남대문구南大門區

출신出身 진명여고進明女高 졸업卒業 일본여자대학日本女子大學 영문과英文科 졸업卒業

현직現職 가정家庭 진주공업중고등학교晋州工業中高等學校 교장댁校長宅

저서著書 『김오남시집金午男時調集』1953. 5. 25 간刊

『심영心影』(제2시조집第二時調集) 1956. 3. 1 간刊

특기特記 진명여고進明女高 교원생활敎員生活

여류시조작가女流時調作家

산곡山谷에서

산山도 자연自然이요 물 또한 자연自然이니
물가에 앉은 몸의 마음 아니 자연自然일가
제 설음 밤새는 것도 자연自然이라 하리라

자위自慰

북창北窓을 크게 열고 책冊 들고 누었으니
앞뜰에 새가 울고 뒷뫼에 물이 예네
선경仙境을 뉘라 물으면 내 곧 예라 하리라

이렁성 사십시다

시비是非라 흑백黑白이라 그리 가려 무엇 하오
탈 없이 사십시다 이렁성 지나다가
갑시다 일편석一片石 조차 세지 말라 합세다

꿈

춘산春山에 꽃이 피면 바구니 옆에 차고
피리 불며 나물 뜯던 어리던 이내 꿈은
영원永遠히 날 바리신고? 헛 고대苦待만 합네다

소망所望

부귀富貴도 잊으리라 영화榮華 또한 바리리라
죽장竹杖 집고 망혜芒鞋 신고 팔황八荒의 객客이 되어
부운혜浮雲兮 세상世上살이를 잊어 보면 하노라

꽃다운 일

등에 아해 업고 머리에 밥을 이고
밭가는 남편男便 찾아 길 바쁜 아낙네야
세상世上의 꽃다운 모습 네게 또한 보니라

이상以上 『김오남시조집金午男時調集』 초抄

하루살이

부유가 저리 많이 떠돌아 노닐어도
오늘 해 못 다 가서 죽을 게 아니겠소
살았던 이 한나절을 즐겨보나 보외다

청춘青春이 어제런 듯 백발白髮이 희었고나
얼마만 지난다면 백골白骨만 남을 인생人生
한나절 살고서 죽는 부유에다 비기리

송도松島

저 솔이 푸르른데 물이 또 푸르구려
벌거둥 벗은 몸들 시원ㅎ다 노는구나
좋아라 젊은 한때를 즐기는 듯하구나

토함산상吐含山上에서

청산靑山이 끊기는 곳 동해東海가 널렸는데
새벽 해 솟아오니 천만경千萬頃 금파金波로다
산山들은 경景을 아는지 우뚝우뚝 섰더라

푸른 산山 겹겹이고 시내가 흐르는데
인간이 제 몰라서 신비를 느끼누나
쉬어서 돌아볼 적에 바람 스쳐 주더라

봄

버들이 늘어지고 꽃이 또 붉었는데
앞내에 물이 붇고 고기가 살랑댄다
새들도 흥이 겨운지 지지재재 울더라

꽃 피어 만발滿發하고 잎이 또 돋을 적에
춘무春霧에 어린 버들 더욱 더 푸르고나
아해야 보구니 차라 나물 캐러 가리라

산수山水

청산靑山이 솟은 곳에 백운白雲이 떠오르고
계곡이 깊은 곳에 물이 또 흐르구려
노송老松이 어휘어 울 제 적막경寂寞景을 이루오

이상以上 『심영心影』 초초抄

김찬영金瓚永 편篇

김찬영 호號 유방唯邦

단기檀紀 4225년생年生

본적本籍 평남平南 평양시平壤市

주소住所 서울 성동구城東區 충현동忠峴洞 375의 6

출신出身 동경東京 상야미술전문학교上野美術專門學校

현직現職 농업農業

저술著述 1930년대年代에 시조時調의 발표發表 다유多有

특기特記 근래近來 작품作品은 없음

충무공忠武公은 어대서 나셨나

1

한양漢陽 물 몇 갈래에 건천乾川이 어디메요
황하수 맑은 그제 이충무李忠武 나셨세라
지금至今에 차질 길 몰러 가삼 무여지오라

2

낙산駱山밑 건천동乾川洞은 실實로 마른 내이로다
예부터 이럴 시면 용龍님 어이 나셨으리
모래에 진흙덩이니 더 못 믿어 하노라.

3

하남촌下南村 산림山林골은 이즘 일러 그라고야
산山 깊고 숩거――할제 범님이 나셨던가
창상滄桑을 또 지냈거니 형적形跡인들 아오리

4

북악北岳 밑 삼청동三淸洞을 부로父老들 이르나다
산山 맑고 물 맑은데 맑은 사람 나셨을 것
세상世上이 다 혼탁混濁하니 알어 볼 줄 있으리

1931. 舊3. 8. 『조선일보朝鮮日報』

유청암사遊靑岩寺

1

동교東郊 길 십 리十里 밖에 청암사靑岩寺 찾어 드니
백석白石 청류淸流에 홍진紅塵이 끊였세라
송풍松風에 시내 소리만 천악天樂 잦어 지여라

2

진관塵冠을 벗어 걸고 머리 감고 앉았으니
인간사人間事 언제련지 도로혀 아득하다
산山새야 조롱 말어라 나도 선연仙緣 찾노라

3

도리켜 생각하매 예 노던 따이로다
산수山水야 예 같다만 세상사世上事 어떻더냐
두어라 지난 일이야 일러 무삼 하리요

춘우春雨

1

무료無聊도 하심하다 낮잠 어이 못 이루노
신소리 들리는 듯 창窓을 자조 여노매라

벗님도 이러하려니 무삼 원망 하오리

2

남북촌南北村 다 나려도 상원上苑으란 오여두소

동풍東風이 섞여 불면 진달래 지울랏다

옛님이 심은 꽃이라 더욱 염려 되노라

3

운무雲霧로 바다 이뤄 남산南山도 뵐 듯 말 듯

만호萬戶 성중城中이 근심에 잠겼세라

잔 들고 긴 노래 불러 가삼 헤쳐 볼가나

1931. 5.『조선일보朝鮮日報』

송수주지미送樹洲之美

1

이만 리二萬里 고래 물ㅅ결 조각배로 건너가서

글ㅅ 바다 한 중간中間에 기氣껏 마-ㅁ껏 헤-ㅁ친 후後에

운소雲霄에 두나래 펴고 훨훨 돌아 오소서

2

천千 길 깊은 못에 금金비늘 잠겼더니

기-ㄴ꼬리 한 번 치자 창명滄溟에 빗기도다

이읏고 풍운風雲 나-는 곳 바라 볼가 하노라

3

저곳 우리 동포同胞 고국 소식故國消息 물으러니
간험艱險이 심할사록 마-ㅁ 더 굳다 일러주소
애틋한 나그네 가삼 항여 낙심落心 되리라

1931. 7.『조선일보朝鮮日報』

청파구清波鷗

청파清波에 몸을 더져 깃 씻는 갈매기야
잠겼다 다시 뜨는 그 재조 자랑마라
차라리 너의 결백潔白을 나는 사랑 하리라

1931. 3.『조선일보朝鮮日報』

김창호金昌浩 편篇

김창호 아호雅號 효천曉泉

단기檀紀 4242년생年生

본적本籍 전남全南 보성寶城

주소住所 광주시光州市 양림동楊林洞

출신出身 일본日本 동경미술회화전문학교東京美術繪畵專門學校

현직現職 전남대박물관장全南大博物館長 전남대강사全南大講師

저술著述 『산천山川의 향기香氣』 1957. 10. 6. 간刊

『전남고적요람全南古蹟要覽』및 동同 『도보圖譜』, 『호남고고행각기湖南考古行脚記』, 『호남민요집湖南民謠集』 등等

특기特記 고적연구답사古蹟研究踏査. 문교부文教部 국보조사위원國寶調査委員

첫노래[序詩]

1

노령蘆嶺 뻗어 나려 펼쳐진 호남湖南 벌판
백제百濟의 옛 자취 빛나는 내 고장을
곳곳을 노래로 읊어 널리 알려 보오리

2

고 운산山 맑은 물은 우리 복지福地 해양도海陽道라
대대代代로 물려받은 이 강산江山을 어이 하리
가슴에 솟치는 정情이 내 노래가 아닌가

3

죽장망혜竹杖芒鞋에 운무雲霧의 걸음으로
녹수청산綠水青山을 어디고 찾아 가서
이 땅에 숨은 향기香氣를 알알이 들추리라

주註. 노령蘆嶺: 갈재/ 장성長城에 있음.
해양도海陽道: 이조시대李朝時代의 전라도全羅道 고호古號.

무등산無等山

둥글고 덕德스럽고 믿음직한 저 무등산無等山
입석立石 광석廣石이야 또한 선부仙府 이뤘고나

산山마루 서석瑞石 위의威儀는 이를 말이 없어라

다도해多島海

바다는 그윽하다 비밀秘密 실고 춤을 추며
배는 제 길 찾아 바람 실고 떠나가니
섬 가고 산山도 가고 하늘도 가는 다도해多島海라

흑산도黑山島

흑산도黑山島 파도波濤 길을 귀양살이 뉘 왔던고
철마鐵馬 고려탑高麗塔이 어른어른 서 있구나
옛날의 고운孤雲 면암勉庵 이곳에도 남았어

지리산智異山

1

지리산智異山 우리나라 산山도 물도 아름답다
유곡幽谷에 고찰古刹이 중중重重 영허靈墟하니 전당殿堂일세
나여羅麗의 건축建築 조각彫刻이 고스란히 빛나고

2

이렇게 좋은 선경仙境 어느 곳에 또 있으랴
이 배포 이 풍치風致를 두고 어이 간단 말가
어즈버 맑은 인연因緣에 길이길이 살으리

3

노고단老姑壇 반야般若 천왕天王 봉봉峰峰이 신비神秘롭다
하늘도 보이잖는 태고太古 숲을 헤쳐드니
사슴이 앞질러 가며 따라오라 하더라

식영정息影亭

송강松江의 성산별곡星山別曲 이제 새로 귀에 익고
부르던 식영정息影亭에 석천石川 주인主人 간 곳 없다
그 노래 문장文章들을 더욱 잊기 어려워

아! 다산茶山

걸음을 멈추우니 고성사高聲寺에 종이 운다
다산茶山님 시름 자취 어리인 곳 찾아 드니
만덕산萬德山 기슭기슭에 차茶 나무만 푸르다

이상以上 시조기행집時調紀行集 『산천山川의 향기香氣』 초抄

김희규金禧圭 편篇

김희규 아호雅號 지강芝岡

시조시인時調詩人 단기檀紀 42??년생年生

본적本籍 서울 광희동光熙洞

저술著述 시조집時調集『님의 심금心琴』1935. 2. 1. 간刊

특기特記 동양적東洋的인 시작품詩作品 1935년까지
십 년간十年間 시조창작時調創作『조선문단朝鮮文壇』에 발표發表 많음
최근작最近作 없음

벚꽃 아래

바람에 지는 낙화落花 발길에 채이건만
사람들은 우만 보고 나려 볼 줄 모르나니
남몰래 시든 꽃이야 누가 안척 하리오

장미화薔薇花

장미화 사랑옵다 고운 향기 더욱 그려
한 가지 꺾어 보니 가싯 속에 또 가시네
두어라 가시야 있든 없든 아껴 볼가 하노라

방화訪花 수류정隨柳亭

벗이여 일어나세 서산西山에 해 저무네
가을 풀 황량荒凉한데 갈 길이 아득하이
풍우風雨 반만 년半萬年을 생각 무삼 하리요

명경대明鏡臺

세상世上에 못났다고 한恨하는 사람들아
속진俗塵을 떨어치고 이곳으로 나오시라
신령神靈이 비치는 거울 아니 이뻐 지리요

낙동강洛東江

낙동강洛東江 긴긴 물결 줄기줄기 흐르는데
옥토沃土 비전肥田이 적다고 하랴마는
못 먹어 힘 없는 이들 왜 그리도 많은고

농부農夫여

일간一間 초옥草屋 좁아도 마음 하나 대궐大闕이네
햇빛에 논밭 갈고 달 아래 쉬는 낙樂을
그 더욱 산수山水 있으니 또 무엇 찾으리

일편단심一片丹心

님이 갔다 한다마는 마음속에 있는 님을
잊으려면 그 더욱 그리울샤 님의 자최
이 몸이 열 번 없어져도 님께 향한 마음이야

이상以上『님의 심금心琴』 초초抄

반개화半開花

간밤에 나리던 비 꽃봉오리 흔들드니
올 아침 햇빛 받아 반半 가까이 피었도다
저 꽃아 간 비 되불러 활짝 핀들 어떠리

별 받은 저 반개화半開花 부끄러워 부끄러서
숙인 체 고흔 얼굴 연분홍이 보이나니
옛 그린 호랑나비들 찾아올 듯 하구려

이쁘다 반개화半開花야 차림차림 고흔 단장
네 홀로 아까와서 수기羞氣 피워 알리느냐
이따금 나를 보고서 웃는 듯도 하여라

『조선문단朝鮮文壇』 p.214에서

계룡산하鷄龍山下

계룡산鷄龍山 높은 봉峰은 안개 속에 모를래라
산山아래 많은 시내 그만해도 승지勝地로다
그 더욱 영천靈泉 솟나니 쉬어간들 어떠리

사면四面을 바라보니 산야山野 모다 송림松林이요
안전眼前에 일대청전一帶靑田 좁다고야 하랴마는
산전山田에 주인主人 있음을 못내 설어 하노라

농부農夫는 해 지도록 호미자루 손에 쥠을
저 소는 무삼 일로 네 다리를 펴고 누워
석양夕陽에 나그네 하나 생각 깊어 있더라

1936. 9. 1. 『사해공론四海公論』

권덕규權悳奎 편篇

권덕규 아호雅號 한별. 애류涯溜

사학가史學家 단기檀紀 4223년생年生

본적本籍 경기도京畿道 김포군金浦郡 하성면霞城面 석탄리石灘里

출신出身 휘문의숙徽文義塾 졸업卒業

저술著述 『조선류기朝鮮留記』, 『조선오천년사朝鮮五千年史』,

『조선어문경위朝鮮 文經緯』 등等

특기特記 중앙중학교사中央中學教師 이화여고교사梨花女高教師 등等 역임歷任

한글학회회원.

4283. 2. 별세別世

상당산성上黨山城

동북東北으로 까마하게 하늘 밖에 솟은 메이
백제百濟의 상당산성上黨山城 거긔 말로 청주淸州것다
그 안에 쓰레한 몇몇 임집이 비이런듯 하여라

조치원鳥致院

신라新羅의 최치원崔致遠이 이 장場터 냈다 하야
최치원崔致遠 변變하여서 조치원鳥致院이란단다
물어서 들을 대 없으니 되는 대로 두어라

영남루嶺南樓

영남루嶺南樓 한 경치景致는 언제도 보아만하다
화악華嶽을 등에 지고 응천凝川을 눌러 서서
앞으로 먼 경景을 나려다보는 양이 제법 다윈 그림이다

영남루嶺南樓 영남루嶺南樓는 경景 좋고 배포排布 좋다
동東에는 망호당望湖堂에 서西에는 임경헌臨鏡軒을
큰 다락 작은 다락에 나물없는 망호당望湖堂이라

* 망호당望湖堂 일명一名은 능파각凌波閣.

밀양密陽의 영남루嶺南樓요 영남嶺南의 제일루第一樓라
촉석루矗石樓 함벽루涵碧樓에 무엇무엇 다 오래라
저으이 여강驪江의 청심루淸心樓야 그 벗인가 하노라

* 여강驪江은 여주驪州의 강江이며 고호古號.

구경은 그만 하자 아낭묘阿娘廟 찾아 가니
벼로의 죽림竹林 옆에 조그마한 사당이라
잠자코 지난 일 생각하올 제 긴 종鍾소리 들리드라

* 아낭阿娘은 윤씨尹氏. 벼로는 수상산로水上山路
묘廟 뒤에 암자庵子가 있음.

표충사表忠寺 들어가서 영전影殿에 절해 뵈옵고
구경하고 오는 차次에 내원內院을 들러 보니
단사丹史의 향기香氣로운 글시가 노장老丈 중 꿈속에 들락말락하더라

* 단사丹史는 기妓 계섬桂蟾의 호號니,
그의 주련柱聯이 있고, 노장老丈 중과 물외교物外交라드라.

연자루鷰子樓(김해金海)

김해金海가 저거라지 해선海仙이 게 있느냐
섬섬옥수纖纖玉手 고짚는 양 안 보여도 서언하다
연자루鷰子樓 높은 다락에 하가야下伽倻가 어떠리

* 녜적 옥섬섬玉纖纖과 산해선海仙이 다 금기琴妓요,
하가야下伽倻는 우륵于勒의 곡명曲名.

절영도絶影島

최형묘崔瑩廟 비켜 두고 태종대太宗臺 저리 보며
절영도絶影島 따루옴은 명마名馬를 얻으렴이러니
명마名馬는 보이지 아니코 거친 풀밭뿐이로다

* 절영명마絶影名馬를 얻는 편便이 흥興하다는 말이 있음.

개운포開雲浦(울산蔚山)

무지포無只浦 떠났것다 서생포西生浦가 저거로다
동감冬柑섬 묘妙할시고 가리산加里山이 예 보인다
사공沙工아 가리산加里山 저 너머 개운포開雲浦로 닿여다고

* 개운포開雲浦는 울산蔚山의 포구浦口.

들으니 신라新羅적에 헌강대왕憲康大王 계시압서
학성鶴城에 거동하자 개운포開雲浦 노시드니
이대서 가무歌舞하는 재자才子 뵈여 처용處容이라 하였다네

* 학성鶴城은 울산蔚山 고호古號.

신라新羅의 헌강왕憲康王은 만고萬古의 호걸豪傑 임검
개운포開雲浦 처용랑處容郎은 만고萬古의 풍류랑風流郎을
풍류랑風流郎 호걸豪傑 임검 모셨으니 태평성대太平盛代러니라

한산도閑山島

세상世上에 섬도 많고 바다도 많아라마는
한산도閑山島 이 바다를 어느 것이 비기오리
우리 님 거룩한 범절凡節이 모두가 매였세라

어이 할게나 이를 어이 할게나
한산도閑山島 너를 두고 내 어이 갈게나
네 부대 평안平安 잘 있거라 담에 다시 만나자

섬진강蟾津江

섬진강蟾津江 붉어한데 두치진豆恥津 저 우오요
지리산智異山 검어하니 넘어 남원南原이라
무슴다 저것들 눈에 띄면 마음 답답 어려워라

예적이라 삼국三國 때에 신라新羅 장수 흠운歆運이
양산陽山서 슬히 죽어 전傳하야 노래 되니
그 곡조曲調 지금只今의 양산도陽山道 나도 하나 불르리라

* 양산陽山은 옥천沃川에 있음.

이상以上, 1931. 10. 『동아일보東亞日報』 발표發表 초초抄

나운경羅雲卿 편篇

나운경

단기檀紀 4245년생年生

본적本籍　경북慶北 대구시大邱市

주소住所　경북慶北 의성군義城郡 안계중교安溪中校 관사官舍

출신出身　혜화전문학교惠化專門學校

현직現職　안계중학교장安溪中學校長

저술著述　무無

특기特記　포교사布敎師 및 사찰직원寺刹職員 등等 역임歷任
교원생활敎員生活 이십 년二十年

추야장秋夜長

양장시조兩章時調

1

달 송이 떠오르면 구름 더욱 희거늘
빈 뜰에 여윈 그림자만 홀로 걷고 있고

2

이제는 산山새들도 옛길 찾아 갔는지
헤매는 젊은 이 나그네 갈 곳조차 없어라

3

실솔蟋蟀이 뉘 못 잊어 울어울어 밤 새는고
두어라 떠도는 이 밤이야 너만 못해 안 우랴

『월간불교月刊佛教』

남강南江의 달밤

1

촉석루矗石樓 홀로 앉아 노래하는 저 사람아
잔잔한 남강南江 속에 그대 노래 묻어 두소
수궁水宮의 외로운 님께 위안 될가 하노라

2

달 아래 의암義岩 위에 우두커니 섰노라면
물굽이 도는 곳에 님 정녕 계신듯다
얼시구 뛰어들거나 님 따르고 싶어라

3

황파荒波 허쳐드니 논개論介의 품이로다
이 품에 안긴 혼魂이 얼마나 되단 말가
두어라 천千이요 만萬이요 간 길 달러 하노라

동상同上

노자영盧子泳 편篇

노자영 아호雅號 춘성春城

시인詩人 소설가小說家 단기檀紀 4231년생年生

본적本籍 황해도黃海道 장연長淵

출신出身 숭실중고崇實中高 졸업卒業

일본대학문학과日本大學文學科 수업修業

저서著書 시집詩集『처녀處女의 화환花環』,『백공작白孔雀』,

『사랑의 불꽃』 등等

소설小說『무한애無限愛의 금상金像』,『인정부대人情部隊』 등

수필집隨筆集『인생안내人生案內』,『청춘靑春의 광야曠野』,

『류수낙화집流水落花集』 등等

특기特記 한성도서漢城圖書의 편집編輯,『청조사靑鳥社』 경영經營,

『신인문학新人文學』 주재主宰, 동아일보사東亞日報社·조선일보사朝鮮日報社

기자記者, 연문학개척軟文學開拓의 일인一人,『백조白潮』 동인同人

4273년年 별세別世

첨성대瞻星臺

첨성대瞻星臺 별을 보고 그 별 오라 하건마는
별은커녕 꽃 한포기 그 옆에 아니 피고
무심無心한 이끼苔들만이 그 몸 우에 얽혔더라

『朝鮮文學全集』 수필기행隨筆紀行 편篇

안압지雁鴨池

신라新羅의 천 년千年 왕업王業이 물 속에 숨었는가
바람 불어 물결 치니 그 소리 구슬프다
벗이어 고국흥망故國興亡을 말해 무엇 하리오

안압지雁鴨池 남은 물에 푸른 하늘 홀로 잠겨
옛 하늘 그 때인 듯 다시 변變함 없건마는
어이 써 그 영화榮華만이 홀로 가고 없는고

동상同上

석사자石獅子

석사자石獅子 살아나서 큰 소리로 울듯 하다
풍마세우風磨洗雨 몇 천 년千年가 그 영교靈巧 남었거늘

어잉다 못난 나그네 이 돌 앞에 우는고

토함산吐含山 바람 불고 불국사佛國寺 종鍾이 울 제
석사자石獅子 눈을 감고 홀로 땅을 핥고 있네
울지도 못하는 마음 더욱 슬퍼 하여라

무영지無影池

영지影池가 거울 되어 그 임 얼골 비쳤든가
지척咫尺 천 리千里 못 뵈는 님 그 거울에 비쳐 놓고
기나긴 쌓인 회포懷抱를 아뢰올가 하노라

무영지無影池 푸른 물이 불국사佛國寺 띄워 놓고
창공蒼空 만 리萬里 떠오를 듯 못내 마음 그립거늘
어이 써 그 하늘만이 그만 몰라 하는고

지수池水는 푸르러워 고운 단장端裝 빛나건만
불국사佛國寺의 어린 자태姿態 언제 조름 깨이는고
수조水鳥가 늘 울고 가도 꿈만 더욱 깊어라

동상同上

한 쌍雙의 반려자伴侶者

약산藥山의 고운 님이
구룡강九龍江에 잠들었네
별들도 유심有心하여
눈 주어 바라거니
고운 밤 아름다운 꿈을
기리 깨지 말고저

이상以上 『조선문학전집朝鮮文學全集』 수필隨筆 중中

한월寒月

밤 개 소리 잠 깨치고 뜰 아래 나려 서니
함박눈 나린 곳에 흰 달빛 또 나리네
산가山家에 자던 개들이 그 달 보고 짖단말가?

삭풍朔風에 어른 하늘 빙해氷海인 듯 적막寂寞한데
차디찬 고운 달이 그 얼굴 뉘게 뵈려
구만 리九萬里 멀고 먼 길을 밤새며 거니는고?

산山 너머 미륵암彌勒庵에 고경성古鏡聲 울리우니
하늘 우 몇 억만 리億萬里 그길 가던 달도 서네
하느님 어디 계신고 흰 눈 밟고 오소서

『신선조선문학도본新選朝鮮文學讀本』

민동선閔東宣 편篇

민동선 호號 향은香隱

교원教員 단기檀紀 4235년생年生

본적本籍 경북慶北 김천金泉

주소住所 서울시市

출신出身 혜화전문학교惠化專門學校

현직現職 동성고등학교東星高等學校 교사教師

특기特記 보인상업고교輔仁商業高校 교감校監 역임歷任

한글 경판經板 뵈옵고

만세보萬世寶 남기시고 님은 어디 가옵신고
이 겨레 잘 살자고 알뜰히 쓰신 솜씨
진사塵士에 드옵신다고 광명光明조차 없으시리

심규深閨에 고운 처녀處女 옥수玉手로 짠 비단을
어디다 쓰오리까 님 옷 먼저 마르나니
대왕大王님 큰 빛 지으사 성현聖賢 앞에 드리니라

달빛이 밝습니까 꽃빛이 곱습니까
하고 한 많은 중中에 대광명大光明은 한글이심
겨레야 누리 다하도록 물려 물려 지키자

머리에 이오리까 가슴에 안으리까
거룩한 이 보배를 해에다 거오리까
삼가히 종이에 뫼셔 왼 천하天下에 전傳하오리

1932. 안심사安心寺 한글경經 인출장印出場에서

추야단상秋夜斷想

세상世上 일 다 버리고 산山 속으로 들자 하니
야박한 인심人心은 기름길 기로岐路로 먼저 간다

중간中間에 엉거주춤하여 향向할 곳을 몰라라

누구는 죽어 가서 락락장송落落長松 된다 하데
이 몸은 죽어 가서 장강수長江水 되었다가
살아서 다 못 푼 한恨을 굽이굽이 씻으리

『월간불교月刊佛教』

박노철朴魯哲 편篇

박노철

사학가史學家 단기檀紀 42??년생年生

본적本籍 충북忠北

현재現在 원주시原州市

출신出身 중국연경대학中國燕京大學

현직現職 원주대학숙原州大學塾 강사講師

저술著述 사학史學 및 시조작품時調作品 발표發表 많음

특기特記 1925년경 이래 『동아일보東亞日報』에 시조작품時調作品 발표發表 많았음

보름달

달밤에 벗과 같이 은하銀河에 조어釣魚타가
술 붓고 어하魚鰕 지져 배 안에 잔채 열고
서산西山에 달 기울도록 취醉해 놀가 하노라

흰 달과 짝을 지어 은銀물결 저어 가다
강안江岸에 자리하고 창천蒼天을 이불 삼어
긴 밤에 스름 없는 몸 쉬어 볼가 하노라

1925. 8. 14.『동아일보東亞日報』

장백산長白山 줄기 밟으며

송화강松花江 부는 바람 거리 우에 재조 넘고
야노령爺老嶺 총소리 거츤 들에 북을 치면
돈화敦化 땅 넘는 나그네 설음 다시 솟어라

밤중에 말굽 소리 들 밖에 잦아지고
새벽녘 나팔소리 바람결에 들려오면
이웃집 홀에미 딸이 마적 왔다 운다네

뫼 우에 비친 달이 재를 넘어 가려할 제
한발령 넘는 손이 느린 걸음 재어지자

달 지며 달 소삽하매 도로 느러지오라

1927. 8. 4. 『동아일보東亞日報』

사비성泗沘城을 찾아서

두견도 피가 졸고
고난皐蘭도 김이 말러
영월대迎月臺 풀 언덕에
떨어지는 붉은 잎이
오가는 길손의 발에
무심히도 나리네

새벽종 울려오자
달은 지워 재 넘을 제
늙은 중 불공 소리
법당으로 숨어든 듯
석간石澗에 우는 물방울
설음 그득 찼어라

반월성半月城 등성이는
보기에도 숨이 차다
굽어 휘인 양이
금시 떨어질 듯한데

낙화암落花岩 솟은 덜미야
아즉 든든 하고녀

1929. 12. 24.『동아일보東亞日報』

만주유기萬州遊記 고구려유지高句麗遺址 2

고구려高句麗 옛 자최를 찾는 이가 몇몇이뇨
무심코 가는 길손 예사 경치 보듯하네
호지胡地에 짓던 성이라 볼모 없다 하느뇨

뫼 우에 묻힌 성들 보기에도 시산코야
끊어진 저 허리들 누가 보고 애닯다리
이따금 가마귀떼만 진을 버려 우노라

말 다른 도토道土네야 고구려高句麗를 네 아느냐
천 년千年 고성古城이 배달겨레 꿈터러니
이제는 때가 바뀌어 그대 집이 되고야

문허진 저 성벽도 적을 막기 공이 크리
그 등에 틈 난 성첩 망을 보던 자리인가
비바람 그 아래 내려 허리 굽어지노라

1932. 1. 28.『동아일보東亞日報』

박병순朴炳淳 편篇

박병순 아호雅號 구름재

교원教員 시조시인時調詩人 단기檀紀 4251년생年生

본적本籍 전북全北 진안鎭安 부귀면富貴面

현재現在 전북全北 전주시全州市 노송동老松洞 동부東部 180

출신出身 전북대학全北大學 국문학과國文學科 대학원大學院 수료修了

저서著書 시詩 및 시조집時調集 『낙수첩落穗帖』 1956. 4. 15. 간刊

특기特記 교원생활教員生活 중中 시조창작時調創作에 정진精進 중中
동인지同人誌 『신조新調』(1. 2집輯은 시조時調)를 4집輯까지 발행發行
시조운동時調運動의 전위대前衛隊

무월동방가無月洞房歌

칠석七夕날
혼자서는
다락에 오르지 마오

저 하늘
서린 한恨에
그 마음이 젖어들면

이제사
밝은 동방洞房에
눈물이 어리오리다

읍소泣訴

사랑보다도
굶주림이 앞서는 여인女人에게는

마음만을
사로잡는
죄罪됨이 없어야 해요

여보오!

난, 당신當身을 맴도는

해바라긴 될 수 없나요

파초芭蕉

오작교烏鵲橋 무너지고 은하銀河도 흐렸는데

체짝 같은 손을 들어 그 누구를 부르는지……

여사旅舍에 홀로만 깨어 네 손끝을 보노라

심처화深處花

보고도 보고지어 깊숙히 피온 꽃을

이백 리二百里 길 치달아 오기는 왔다마는

문 앞에 멈추고 서서 이를 말을 몰라라

앵도

가지가 휘어지도록 울 밑에 붉은 앵도

한 알도 축날세라 아끼고 또 아끼어

네 마음 소복히 담아 부끄리던 그 순정純情!

돈

다정多情이 병病이 되어 매마른 고비 다 갖았다
난蘭아! 우질 마라 네 어미 날 볶을라
정情 가고 시詩도 가는 날 돈이 있다 당當하랴

모란이 이울기 전에

마음 하나 떠받쳐 줄 한 떨기 모란이 그리워
나는 온 종일終日 헤매도 피로疲勞를 몰랐다
이 흥興이 거나한 양볼이매 타는 노을이 고와라

기한飢寒을 참는 것은 죽음보다 더 슬펐고
정열情熱은 분수噴水처럼 내뿜을 수 있어 좋았다
오월五月을 담은 모란이 또 한 송이 뚝 지나보다

대방성帶方城

대방성帶方城 한 모로에 때쩌른 목침木枕 베고
단 뜨는 고향故鄕을 삼삼히 그리노라면
지는 잎 휘모는 밤바람만이 이 가슴 부딪고 갈 뿐이어라

초가집

해 따라 해바라기 맴 도는 아침 마당
청초한 코스모스 피어난 초가집 하나
수수는 자란 그대로 울타리로구나

박용묵朴瑢默 편篇

박용묵 아호雅號 영파靈波

목사牧師 단기檀紀 4251년생年生

본적本籍 경상북도 청도

출신出身 만주 길림성 길림신학교 졸업

저술著述 신앙시조집信仰時調集 『신애보信愛譜』 1953. 6. 15. 간刊

특기特記 종교시인宗敎詩人으로서 특特히 시조형時調形에 의依한 신앙생활信仰生活을 항상恒常 노래함.

해방 칠주년七週年

일곱 번 다시 맞는 감격의 8·15八·一五가
말없이 이 내 강산 반기어 맞건마는
잃어진 이 내 동포는 어디가 찾아 볼고

해방의 황금종은 힘차게 울었나니
복음의 용사들아 분연히 일어서라
이 백성 님의 진리로 자유 얻기 위해서

새벽 네 시

깊은 잠 놀라 깨니 종소리 요란한데
시계時計를 얼핏 보니 네 시도 정각正刻일다
두어라 때 되었으니 기도하러 가리라

탱자

능금밭에 좋은 과실 한 개 없이 다 따 가고
울타리의 못 된 탱자 오롱조롱 붙어 있네
제 못 나 버리운 것을 탓할 바가 무어리

인생

아침나절 피는 꽃이 저녁 겨를 낙화되고
어제같이 곱던 청춘 오늘 와서 늙어지네
뜻 없는 인생이라니 주만 믿고 따르리

이상以上 신앙애국시조집信仰愛國時調集 『신애보信愛譜』 초抄

박용철朴龍喆 편篇

박용철 아호雅號 용아龍兒

시인詩人 평론가評論家 단기檀紀 4137년생年生

본적本籍 전남全南 광주光州

출신出身 청산학원중학부靑山學院中學部 졸업卒業

저서著書 『박용철朴龍喆 전집全集』 상·하上下

특기特記 『시문학詩文學』 동인同人 『문학文學』 주재主宰

순문학운동자純文學運動者 중中 일인一人

4271년年 별세別世

우리의 젖어머니

자유의 푸른 하날은 우리의 젖어머니
우리는 어둔 속에 엄마를 찾아 우니
아즉도 젖 먹고 싶은 어린 영웅 들이다

자유의 푸른 하날은 우리의 젖어머니
우리는 시퍼런 칼 피를 보는 싸홈에서
얼골에 칼 흔적 있는 사나히나 되련다

자유의 푸른 하날은 우리의 젖어머니
가벼운 솜자리를 어느 결에 걷어차고
우리는 찬돌 우에서 어린 꿈을 맺는다

마음의 추락墜落

천千 길 벼랑끝에 사십 도四十度 넘어 기울은 몸
하는 수 없이 나는 가꾸로 쳐 떨어진다
사랑아 너의 날개에 나를 업어 날아올라라

막어 섰던 높은 수문水門 갑자기 자최 없고
백척百尺 수면水面 차差를 내 감정感情은 막 쏘아친다

어느 때 내 정情의 수면水面이 나와 나란 할거나

시작사수試作四首

봄날이 질겁다니 모도 다 거짓말이
숲 사이 새 소리가 시름 더욱 자아낸다
님이야 한 님뿐이어니 마음 어대 붙이랴

내 마음 모진 줄이 님 떠나 모진 줄이
이 님을 떠나이고 차마 어이 남단 말이
님께야 바친 목숨이니 끝내 기려 보리라

비 소리 나뭇잎 소리 바람소리 새 소리에
기리는 이 나뉜 님을 어늬 한 때 잊을 줄이
꿈에야 부러 만나 뵈려니 잊고 살 줄 있으랴

산이야 멀다 하랴 물이야 깊다 하랴
하로 밤 꿈길에는 얼른 다녀오는 것을
이 자리 못 떠나는 몸을 안타까워 하노라

봄 언덕

따에서 오르는 김 품었느니 파란 내 맘
씻은 듯 비 지나고 돋우느니 푸른빛이
미칠 듯 부둥켜안고 빰을 부벼 보오리

실제失題

난 지 이틀 된 아기야 네 일홈 무어라냐
「내 일홈 기쁨」 겨우 날러 가슴 바로
파득여 자라는 양을 나물하듯 바랐노니

그대의 가슴에서 내 노래 울려 날 제
매마른 돌 틈에는 맑은 새암 솟는고야
저 아래 여나믄 일은 눈에 든 채 잊었노라

그대의 웃는 눈에 샛별이 반짝일 제
때 아닌 한 포기 꽃 돌 틈에 붉었고야
저 아래 뵈는 세상도 몬지 걷혀 그림이네

이상, 『박용철전집朴龍徹全集』

박일송朴一松 편篇

박일송 아호雅號 서림曙林

시인詩人 교원敎員 단기檀紀 4252년생年生

본명本名 박병기朴炳基

본적本籍 서울 성북구城北區 정릉동貞陵洞 523

현재現在 강원도江原道 원주시原州市 남운동南運洞 145

출신出身 일본대학日本大學 문과文科 3년年 중퇴中退

현직現職 원주原州 청산중학靑山中學 교장校長 및 대학강사大學講師

저서著書 『주마간산走馬看山』단가집短歌集(제1시집第一詩集) 1952. 4. 25. 간刊,
『목련화木蓮花』(제2시집第二詩集) 1953. 3. 20. 간刊

특기特記 후송장정後送壯丁으로 군인생활軍人生活
일제시日帝時 학병學兵 해방解放 후後 귀국歸國
육군장교陸軍將校 근무勤務
6.25후後 『노농신문勞農新聞』 기자記者
『원주고아원原州孤兒院』, 『소년少年의 집』, 『청조숙靑鳥塾』경영經營
수필隨筆과 시조창작時調創作에 정진精進 중中

노래 기일其一

생각이 이러하니 그대 조이 들으시라
마음 애전하와 푸념 삼어 하나이다
노래야 되건 말거나 그저 읊어 하외다

연기 속에

검푸른 연기인 양 몽롱히 사라지다
그야 만나본들 이미 남인 너와 내다
후ㅅ날에 그후ㅅ날에도 아주 잊자 하여라

다방茶房의 소녀少女

향수鄕愁에 서린 눈매 그늘 속에 짙어 뵈고
녹 쓸은 바늘 끝에 목 메인 노랫소리
소녀는 금붕어인 양 연기 속에 헴돈다

한잔 다茶 앞에 놓고 고스란히 한나절을
하품코 앉어 있는 창백한 얼굴들이
실없이 뵈이면서도 사귄 정情은 두텁다

이상以上 『주마간산走馬看山』 초초抄

목련화木蓮花

목련화木蓮花 향기香氣 속에 더 복바친 그리움아
네 양자 어여뿜이 어이 이리 애절하냐
무사한 미소를 지며 이날 서로 사귀자

뭇 눈에 띄이잖는 호젓한 뒷뜰에서
저대로 저바려 두기 어덴지 아까워라
외로운 사슴인 내가 어이 네 곁 떠나리

별이 지거든

사팟길 험타하나 도란도란 의이 좋게
고되고 지치어도 군말 없이 함께 함을
그대여 악樂으로 알고 사는 대로 사시라

풍랑風浪속 어둔 바다 뱃길마저 잃었어라
구름 새 별을 찾아 힘 합하여 저어 가자
그대여 별이 지거든 먼동 튼 줄 아소서

다드미 소리

달빛은 밋물 처럼 온 누리를 휩쓸고나
정자수亭子樹 기대고서 생각에 잠기려니
어디서 다듬잇소리 바람 결에 들리네

언덕에 들국화는 서리 속에 애련하다
못 휘는 절개節介라구 송죽松竹만을 자랑하리
연약한 화초花草라 한들 한 뜻 지켜 피었네

어느 분 잠 안 자고 다듬이질 하시는가
객창客窓에 님을 위爲한 정성 바치시오
고독이 한 바퀴 돌아 제품 헤쳐 드누나

가야금

깊은 밤 흘러 새는 불빛 따라 걷노라니
청대 숲속 기와집에 가야금 타는 소리
어느 분 이 밤 앉아서 시름함을 부른가

할퀴고 뜯으므로 시원한 가슴이면
웃섶이 젖기로서 그 무슨 한恨이 되랴

찌르르 촛불 똥 퉁겨 장단 맞춰 주리라

보고 아니 들음이 한결 맘은 편타 한데
이 밤 뉘를 보려 이 길을 걷는 건가
언제나 그 모습 못 봐 홀로 야웨 가누나

이상以上, 『목련화木蓮花』 초抄

박재삼朴在森 편篇

박재삼

시인詩人 단기檀紀 4266년생年生

본적本籍 경남慶南 삼천포三千浦

현재現在 서울특별시特別市 용산구龍山區

출신出身 고려대학교高麗大學校 국문과國文科 재학在學 중中

현직現職 현대문학사現代文學社 사원社員

저서著書 별무別無

특기特記 『문예文藝』 및 『현대문학現代文學』의 추천작가推薦作家
시조時調 2편篇과 신시新詩 1편篇으로 4288년 시조時調 및
시창작詩創作에 정진精進 중中

강江물에서

무거운 짐을 부리듯 강江물에 마음을 풀다
오늘 안타까이 바란 것도 아닌데
가만히 아지랑이가 솟아 아뜩하여 지는가

물 오른 풀잎처럼 새삼 느끼는 보람
꿈같은 그 세월歲月을 아른아른 어찌 잊으랴
하도 한 햇살이 흘러 눈이 절로 감기는데…….

그날을 돌아보는 마음은 너그럽다
반짝이는 강江물이사 주름살도 아닌 것은
눈물이 아로새기는 내 눈부신 자욱이여

1953. 10월호十月號『문예文藝』추천推薦

섭리攝理

그냥 인고忍苦하여 수목樹木이 지킨 이 자리와
눈엽嫩葉이 봄을 깔던 하늘마저 알고 보면
무언지 밝은 둘레로 눈물겨워도 오는가

신록新綠 속에 감추인 은혜恩惠로운 빛갈도
한량없는 그 숨결 아직도 모르는데

철없이 마음 설레어 미소微笑지워도 보는가

어디메 물레바퀴가 멎는 여운餘韻처럼
걷잡을 수 없는 슬기 차라리 잔盞으로 넘쳐
동경憧憬은 원시原始로웁게 길이 임만 부르니라

1955. 6월호六月號 『현대문학現代文學』 추천推薦

구름결에

기일 其一

어질고 기쁜 이의 눈망울을 흐르던 것이
구석진 설음에까지 천 년千年토록 어리어
임 마음 내 마음이 시방 구슬 꿰어지누나

사랑은 마지막을 언짢다 치부하고
대천지원수戴天之怨讎는 같이 살아 용타마는
엄두도 안 갈 하늘에 높이높이 뜬 구름

기이其二

마음이 허울벗기에 아리아리 서러우면
살얼음 풀리는 밑에 흔들리는 기운을 보듯

그 온 갖 낭자狼藉턴 것이 얼비치어 오누나

어린 예닐곱 살의 맑은 시냇물에
손발 담그던 카랑카랑한 목소리를
뒷덜미 가려운 곁에 하도 희게 느껴라

기삼其三

평생平生 빠안한 죽음의 한 자락에 이었기로
땅 밟은 우리 목숨이 말짱히 눈물 가시고
머언 그 하늘 뒤안에 별 들 듯이 가리아

1956. 5월호五月號『현대문학現代文學』

노안蘆雁

그 많은 기러기 중에 서릿발 깃에 짙은
애비도 에미도 그 우에 누이도 없는
그러한 기러기 놈이 길을 내는 하늘을!

하늘은 비었다 하면 비었을 뿐인 것을
발치에 가랑가랑 나뭇잎 묻혀 오는
설음도 넉넉하게만 맞이하여 아득하여

사람이 시독하대도 저승 앞엔 죽어오는
남南쪽 갈대밭을 맞서며 깃이 지는
다 같은 이 저 목숨이 살아 다만 고마워

그리고 저녁서부터 달은 밝은 한밤을
등결 허전하니 그려도 아니 눈물에
누이사 하마 오겄다 싶어 기울어지는 마음

1956 고대高大 국문학

박종옥朴宗玉 편篇

박종옥 아호雅號 상원桑園

시조 시인時調 詩人 단기檀紀 4242년생年生

본적本籍 전남全南 무안茂安 도초都草

출신出身 전주全州 신흥중학교新興學校 졸업卒業

현직現職 무無

저서著書 『상원시조집桑園時調集』 1948. 10. 20. 간刊

『일상어사전日常語辭典』

특기特記 청운靑雲의 뜻을 품고 남만南滿을 섭력涉歷 상업商業

침업鍼業에 종사從事하면서 독서讀書와 작시생활作詩生活

점포店鋪 일부一部에 소설小說 등等을 비치備置하고

고객顧客에게 무료無料 대여貸與. 춘원春園·가람·청람靑嵐에 사사師事

4286년 다대포多大浦 창경호사전昌慶號事件 때 익사溺死

부모의 은혜

고생이 무겁다면 하 마몸이 꺼졌으료
결심이 불이라면 정녕 맘이 타셨으리
이 모다 흔적이 없어 주름살만 뵈와라

다도해多島海

一

천도 더 이 섬 저 섬 그림 아냐 상해로다
하한섬 하나인 양 이럭저럭 보이다가
세찬 뉘 휘몰아치면 희디희고 마누나

二

앞뒤가 물이어늘 섬일세 분명한데
좌우가 뫼에 막혀 뭍에든 양 방불하니
섬이라 뭍이라 못 해 어름어름 하노라

부소산扶蘇山에서

긴 천 년 마금 날이 한 몸지켜 일이다가

하룻밤 불길 속에 재가 되고 꿈이라니
한적곶 그릇된 일이 이리 될 줄 알리오

못 잊어 하는 심에게

一

가람빛 좋다 하여 빛을 탐해 오셨거든
피고 진 한 해 철을 꼬박이나 보고 가지
싹 트자 맞아한 님이 그 싹 앞서 가다니

二

황산 뜰 넓다 하여 오곡 심고 살렸더면
씨 뿌려 가꾼 이삭 들에 두고 못 갈 것을
밭두렁 길만을 내고 그냥 두고 가다니

무궁화

꽃 좋다 기리 보니 다닥잎도 좋은지고
열음은 남도 한다 살을너나 번지는 것
갸륵한 그 맘씨 보고 더욱 가까 집니다

별관 삼천리

'별관瞥觀 삼천리三千里' 사십일수四十一首 중中 초抄

九

맘 바빠 길은 먼데 가산고개 또 있다네
그 재를 넘고 나니 해가 없어 머무노라
나그네 짐을 내리니 박천이라 하더라

一二

어느 듯 청천강에 긴 사장을 터벅터벅
거루는 건너 언덕 사공 없이 매었는데
몇 쌍쌍 물새만 날고 사위 고요하더라

二七

죽창에 달이 드니 외방 혼자 더 서워라
여휜 잠 깨 앉으니 그림자와 단둘인데
천리심 고향을 찾고 다시 돌아 오더라

천리심千里心

三七

산정리山亭里 올라서니 유달산儒達山이 반긴 듯다
마주서 건너 보니 웃음을도 주는 얼굴
강파른 북령 남강을 어이 왔냐 하더라

북령 남강北嶺南江

이상, 『상위시조집桑園時調集』 초抄

박종화朴鍾和 편篇

박종화 아호雅號 월탄月灘

소설가小說家 시인詩人 단기檀紀 4234년생年生

본적本籍 서울

현재現在 서울특별시特別市 종로구鍾路區 충신동忠信洞

출신出身 휘문고보徽文高普 졸업卒業

현직現職 성균관대학교成均館大學校 교수敎授

저서著書 시집詩集 『흑방비곡黑房秘曲』, 『청자부靑磁賦』
소설小說 『금삼錦衫의 피』, 『대춘부待春賦』, 『다정불심多情佛心』, 『여명黎明』, 장편長篇 『임진왜란』, 『민족民族』, 『월탄문학선月灘文學選』 등等 다유多有

특기特記 『백조白潮』 창간創刊, 예술원藝術院 원장院長
『서울신문』 사장社長 등等 역임歷任, 민족진영民族陣營 문단文壇의 중진重鎭
4290. 10. 명예문학박사학위名譽文學博士學位 받음
성균관대학교成均館大學校

인생人生

살랴니 울고 싶고 울고 나니 놀고 싶어
울어 살고 놀아 살어 어버정 수류운귀水流雲歸
가고서 귀불귀歸不歸함을 일러 인생人生이러네

1934. 7.『월간매신月刊每申』

춘야우春夜雨

지대地臺 돌 젖었고야 낙수落水 소리 한 두 방울
울 너머 홍도화紅桃花도 이보다 어여쁘이
간밤에 뿌리신 봄비를 이제 겨우 알래라

1934. 7.『월간매신月刊每申』

과로호조육신묘過鷺湖弔六臣墓

1

대조선大朝鮮 육충신六忠臣께 일포의一布衣 뵙나이다
우러러 재배하고 네 분 무덤 둘러 뵈니
말씀 곧 게시온 양하야 고개 절로 숙어지네

2

발 벗고 머리 풀고 수레 타신 그때 일이
새남터 백사장白沙場에 피 뿌리신 그때 일이
비바람 몇 춘추春秋완데 가슴 사뭇 설레오

3

노산魯山 가오신 후 혼이라도 뫼시었소
하늘에 뻗히신 한 지부地府에나 펴시었소
백대百代의 후생後生이언만 주먹 쥐여 떱내다

4

오백 해 큰 살림도 바뀐 지 오래거니
사백 년 옛 풍파를 물어 무삼 하오리까
다만지 거두어준 이 매월당梅月堂이 분명하오?

5

푸른 강江 길이 흘러 목매는 듯 울음 울고
언덕은 천千 길인데 갈대풀만 어지러워
산 적적 달 밝은 밤에 어찌 하노 여섯 혼魂

1934

천렵

앞개울 물이 붇다 아이들 몰려 가네
그믈에 걸린 척어尺魚 쏘가리가 살졌구야
고추장 솥에 풀어라 천렵하러 나가자

외양간

외양간 한가하다 영각소리 두 세 마디
낮잠을 느직 깨니 빗속에도 닭이 운다
산나물 보리밥 나오며 손님 점심요 하더라

두엄

빗발이 오락가락 두엄내도 구수하다
뒤ㅅ간에 재두엄이 냄새 더욱 아니 나네
옛 어른 끼치신 규모 묘한 맛을 알괘라

매화梅花

변조變調

1

세기世紀의 전前날 밤을
울고 웃고 보냈노라

한창寒窓에 비낀 설매雪梅
송이송이 수집구나

새해를 맞은 마음
그 대처럼 조촐타

2

복조리 다홍실도
내 것일래 더 반갑고

귀밝이 석 잔 술은
백발白髮도 거물 듯하이

지나간
폭풍우暴風雨를 아이들 데리고
고담 삼어 이야기나 하란다

1946. 병술丙戌

수선水仙이 웃고 왔네

사설시조체體

조약돌 백자기白磁器에
수선水仙이 웃고 왔네
섣달 눈보라를 가만히 헤치고서
아리잠직 부끄런 듯 고개 숙여 찾아 왔네

한창寒窓 선비 자리
봄뜻이 웬 일이요
취한 듯 미인美人보 듯
총각 같이 수집구야

푸른 줄기 하얀 빰을
고이고이 안아 보니
바자운 맑은 향기
코를 스쳐 속삭인다

살고 웃는 봄의 뜻은
옥동 같은 이 속에도 슬지 않고 살아 있네

하필시 월황혼이
암향暗香 도든 때라더냐

벗 있어 보내신 뜻
이제 다시 알괘라

가람 외우畏友―손수 기른 수선화水仙花 한 분을
기묘己卯 대회일大晦日날 윤랑允郎을 시켜 보내다

대원大願

사설시조체體

대원大願을 못 이룬 채
또 한 해가 넘어서다
문 앞에 푸른 산山이
허무하게 웃는고나

반허리 이 땅에도
해가 뜨고 달이 솟네
어진 비 화한 이슬
있음직도 하다마는
서리 찬 소소리바람은
사람 애만 끊이네

봄이 온다 하네
입춘立春도 온다 하네
기왓골 얼음장에

낚수 소리도 곧 풀리리

씰그러진 사람의 마음도

이 봄빛처럼 슬쩍 돌아주소서

1955 을미乙未

변영로卞榮魯 편篇

변영로 아호雅號 수주樹州

시인詩人 단기檀紀 4231년생年生

본적本籍 서울

현재現在 서울특별시特別市

출신出身 중앙학교中央學校 졸업卒業 미국美國 싸노세대학수업大學修業

현직現職 대한공론사大韓公論社 사장社長

저서著書 시집詩集 『조선朝鮮의 마음』

수필隨筆 『명정酩酊 40년기年記』 등等

특기特記 기자記者, 문우회관주인文友會館主人, 중앙中央·이전梨專·

성대교수成大教授, 4282년年 서울시문학상文學賞을 받음

펜클럽 초대위원장初代委員長

송도 우음松都偶吟

—정포은鄭圃隱—

하늘에 사모치는
거룩한 님의 마음

밝기론 일월日月이며
크기론 산핼것가

새로히 기릴 말 없어
눈물겨워 합네다

1925. 10. 10.『동아일보東亞日報』

우음 삼수偶吟三首

1

밤 들어 요란튼 거리조차 고요한데
나 홀로 자리 우에 잠 못 이뤄 뒤치려니
먼데 종鍾 나로라는 듯 동모삼아 치더라

2

세월이 바르기 백구과극白駒過隙이라지만
사생死生 두틈 끼인 괴롬 어이 그리 기나긴고

장생長生은 장수長愁이어니 빌어 무삼 하리오

3

염담恬淡한 천성이 명리名利 까닭 아니련만
이 괴롬 무엇이며 이 설음 어데설가
끝까지 동행同行 하려니 차차 알가 하노라

1932. 5. 11. 쌘, 오세 객창客窓에서

야국野菊

곱달가 애연탈가 늦이 피운 더을국화
그 빛 그 맵시 무엇 아니 귀여리만
군화群花로 무리짓잖음 더욱 귀여 하노라

1933. 9. 27.『동아일보東亞日報』

백두산白頭山 갔던 길에
-두만강豆滿江 상류上流 끼고 가며-

제대론 시름 없이 공곡空谷 울려 흐르련만
솟은 바위 내민 돌에 여을 하여 올 제마다
석일한昔日恨 뇌는 듯하여 가슴 묵어지드라

초원草原의 정적靜寂

태고적太古寂 인연 없어 찾을 길 없드러니
무변초원無邊草原 에 이르러 분외청복分外淸福 누리나다
어디서 사슴이 울어 정적靜寂 더욱 깊드라

신무성神武城 지나

뵈인 숲 트이며 환출천외幻出天外 우리 백두白頭
웅대雄大도 웅대雄大려냐 저 어인 우미優美인고
머리에 운건雲巾을 쓰니 신엄神嚴 맞아 하더라

* 웅대雄大려냐 웅대雄大려니와

무두봉상無頭峰上에서

무들봉峰 기어올라 천 리千里 천평天坪 내다보니
넓기도 넓을시고 우리 옛터 예 아닌가
인 흥이 잦기도 전에 눈물 벌써 흐르네

우리 임 귀천歸天한 후 몇몇 창상滄桑 지냈관대
옛 신허神墟 어디 가고 만안滿眼 창울蒼鬱 수림樹林뿐가
생각이 예를 달리니 아득하득 하여라

천지天地 가에 누워

가파른 비탈 나려 초봉삭벽峭峰削壁 울을 하고
쪽빛 같은 신담神潭 가에 팔벼개로 누웠으니
안진 죄 지은 양하야 가슴 자로 뛰더라

『동아일보東亞日報』 소재所載. 「문예독본文藝讀本」

근음 삼수近吟三首

1

머리에 하늘 이고 발은 땅을 디뎠건만
아득코 허전할사 가는 그 곳 어데멘지
발뿌리 내치는 대로 진동한동 갈거나

2

가다 해 저물고 산궁山窮 수진水盡 앞 막히어
길가에 쓰러진 채 찬 이슬에 얼지언정
그렇다 한 번 떠난 길 돌쳐섬이 있으랴

3

초라코 하염없다 포풍捕風 착영捉影 이 한평생平生
찾는 것 가뭇없고 처지는 것 슬픔 뿐을

울부어 무엇 할거나 이 악물고 살리라

『한국시인전집韓國詩人全集』에서—

불멸不滅의 함성喊聲

1

기미년 이 달 이 날 거룩턴 그 외오침
이저에 쟁연탈가 굉연탈가 가시잖네
눈 감고 다시 듣자니 가슴 무여 지노라

2

봉화 든 제 없이 통문 돈 제 없이
근역 삼천 리 방방곡곡 같은 함성
그 입은 삼천만이나 소랜 하나 이더니

3

오날엔 남북 양단 소래도 가지가지
기미년 그 불사혼 어느 곳에 찾아 보리
잿더미 불고 또 불어 불씨 살려 볼거나

38년 전 그날 회억, 정유 3. 1. 『서울신문』

변영만卞榮晩 편篇

변영만 아호雅號 곡명穀明. 삼청三淸

법률인法律人 단기檀紀 4222년생年生

본적本籍　경기도京畿道 부천군富川郡 오정면吾丁面 고강리古康里

주소住所　상동上同

출신出身　법관양성소法官養成所

저술著述　『산강재문초山康齋文鈔』

특기特記　판사判事 변호사辯護士 성대成大 강사講師

287. 12. 24. 별세別世

실모애失母哀

1

한서寒暑를 모르서라 고이 계심 깃사오나
기댈 곳 여흰 이몸 갈사룩 허전코야
만물萬物이 다 회생回生하되 모자영별母子永別 있고나

2

침변枕邊에 유상遺像 되서 신석승안晨夕承顔 될 듯하자
음식音息이 적연寂然해라 우리 님 참 가셨어
눈 감고 상상想像할사룩 그 일 아득하고나

3

나날이 섧으랴만 사라갈 맛 담담淡淡해라
무인無人 광야廣野 찾어 마음껏 울고푸어
이 후後의 입신양명立身揚名이 무삼 효도孝道이리요

1931. 5.『조선일보朝鮮日報』

어린이 원유회園遊會

1

장충단奬忠壇 넓은 마당 어린이로 휘덮으니
백주白晝채 별 돋았네 사막沙漠의 꽃도 길사

둘리인 눈들 요란해 할 말 없어 하거라

2

남해男孩도 여해女孩 같되 여해女孩인들 수집으랴
섞이어 뛰놀건만 서로 시샘 전全혀 없네
진실로 너희 같을진대 무삼 일이 있으리

3

무궁화無窮花 덮인 동산 오는 날엔 너희 겐가
그럴 상 미리 하야 이처럼 질기 노여
깃거운 눈물겨워라 갈 줄 몰라 하노라

1931. 5.『조선일보朝鮮日報』

춘사春詞

1

봄 아씨 오셨구나 내 가슴 울렁대라
초면初面은 아니연만 새로이 반가워라
사랑 술 꿈잔에 넹겨 또 취하려 하노라

2

오며는 그만이지 설음이란 무삼 일고
바람에 한숨 쉬고 이슬비로 우단 말가

왼갖 꽃 만발滿發하거든 웃으랴고 함인가

3

새애 노래 기묘奇妙치만 잦은 것이 한恨이로다
시내물 줄풍악風樂도 늘 한 가락 무료하다
저 구름 두구 헤매니 나와 방불彷彿 하도다

1931. 3. 『동아일보東亞日報』

서호西湖(항주杭州) 이수二首

범상국范相國 서시西施 실고 여긔서 노랐던가
어느 듯 연우煙雨 둘려 생각할 길 더욱 없네
두어라 지나간 일을 알아 무삼 하리오

영은사靈隱寺 시내물을 이리로 몰아다가
가무歌舞를 가득 싣고 밤낮으로 술릉이어
부처님 자비심慈悲心이야 한限도 없다 할가나

호구虎口(소주蘇州) 이수一首

천인석千人石 올라앉어 검지劍池를 엿보느니
삼천 년三千年 영웅재자英雄才子 한 오리 연긔로세

석양夕陽에 멍에 돌니며 마음 침침하더라

1931. 3.『동아일보東亞日報』

상흔傷痕

1

말조차 없은 터라 글월 왕래 있으리만
꿈 아닌 꿈속 수작 밤도 낮도 모를러니
덩(혼교婚轎)한 채 뜨는 그 소식 벽력霹靂인 듯하더라

2

갓난애 품에 안고 삼 년三年만에 고향 오셔
내 모양 마주칠 때 무삼 일로 슬프셨나
그것이 주심이라니 든든 섭섭 했어라

3

향기香氣가 스러졌건 어이해 또 마치노
긔억이 무될사룩 가슴 더욱 아프고야
늙음이 점점 닥치니 이를 반겨 하노라

1931. 1. 2. 25 야夜,『조선일보朝鮮日報』

수부단愁不斷

1

이제껏 참아옴은 님 까닭 뿐일러니
안색顔色은 말도 말자 소식마저 끊으시나
넋 잃고 외로이 앉어 허믈 생각 하노라

2

오시마 말삼할 때 쇽히심은 아니연만
비바람 서로 찾어 편하실 날 있사오리
첨부터 농弄이시라면 귄들 어이 하오리

3

봄날이 바다 같다 물거품은 꽃이라네
눈 뜨고 잠이 드니 님의 숨결 지척咫尺일사
어느덧 도로 밤 되어 꿈만 산란散亂하여라

1931. 3.『조선일보朝鮮日報』

백남규白南奎 편篇

백남규 아호雅號 일석一石. 한돌

교육가敎育家 단기檀紀 4224년생年生

본적本籍 전북全北

현재現在 전북全北 이리시裡里市(가족家族)

출신出身 동아물리학교東亞物理學校(구제舊制)

이리裡里 남성고등학교南星高等學校 교장校長 별세시別世時

저술著述 『새천자千字』 기타其他

특기特記 중앙中央·동덕여교同德女校 부교장副校長 역임歷任

「에스페란토」 연구硏究

한글학회회원, 34년간年間 사학私學에 봉직奉職 후後

4289년年 별세別世

백발白髮

백발白髮아 너는 어이
부질없이 찾아온다

제마다 못 받느니
옥관玉冠이라 이르음에

어찧다 이내 머리엔
값없는가 하노라

환갑還甲

육십六十이 머댔더니
오고 보니 오늘이라

지낸 일 돌이키니
뉘우침도 하도할사

두어라 남은 일에나
새로 살가 하노라

마라돈

보스톤 넓은 마당
앞선 이 계 누구냐

태극기 휘날린다
째 둘째 셋째마자

아이야 네 모르난다
코리안을 보아라

성화聖火를 모시고

성화聖火의 뒤를 따라 옛 강도江都에 다달으니
칠백 년七百年 지나온 일 한 마당의 꿈이로세
반갑다 십 만十萬 동포의 만세소리 울리네

시월十月을 상달이라 예로부터 일렀건만
떡 한 시루 한 둥 만 둥 철모르고 지나 왔네
인제는 초사흗 이 날이 개천경절開天慶節이로다

마리산山 기어올라 제천단祭天壇에 절 드리니

저의 도리 차리는 양 뉘우치며 기쁠세라
저절로 우리 한배님 이아이아 하여라

형제兄弟야 자매姉妹님아 입겨름을 아예 마소
자손 노릇 잘 하기만 임의 앞에 맹세하세
비노니 이 앞 이 날이 더욱 거룩하소서

1946. 10. 3. 강화江華 마니산摩尼山 제천단祭天壇 앞에서
『한글』 11권卷

서명호徐明浩 편篇

서명호 아호雅號 행인行人

교육자敎育者 단기檀紀 4245년생年生

본적本籍 인천시仁川市

현재現在 인천시仁川市 율목동栗木洞

출신出身 연희전문문과延禧專門文科 졸업卒業

현직現職 교사敎師 인천고교仁川高校

저술著述 『한글』지誌 등等에 작품발표作品發表

특기特記 한글학회회원學會會員

아! 환산桓山 스승님

누리를 다 밝히고 남을 만한 우리 등불
검은 손아귀가 가리고 또 감추랼 제
맨발로 쫓아다니며 싸우시던 님이여

제 등불 앗아 가도 못 차리고 자는 무리
깨워 일으키려 발을 둥둥 구르시며
소리쳐 목이 쉬셔야 추길 물도 없었네

무딘 눈 앞잡이로 횃불 높이 들으시고
진 길 험한 고개 허위허위 가실 적에
등곬에 흐르는 땀을 씻을 새나 있던가

고운 꽃 둥근 달도 눈을 아니 떠보시고
다만 가믈가믈 바람 앞에 떠는 등불
야위신 손을 가리어 지키다가 가시다

아악雅樂

실같이 가늘다가 폭포처럼 굵은 소리
하도 한 느꺼움을 구김 없이 펴올 적에

쿵더쿵! 니일닐 하여 끝 간 데가 없도다

만파萬波 정식지곡靜息之曲 설렌 물결 잠재우고
장춘長春 불로지곡不老之曲 늙을 날이 없다 하네
여민락與民樂 님의 그 뜻이 오늘 더욱 그리워

귀로만 들으리까 눈으로만 보오리까
뼈 속이 저리도록 스며드는 이 말씀을
이 몸이 백번 갈려도 지켜 전하리이다

『한글』 11권卷 2호號

서정봉徐定鳳 편篇

서정봉 아호雅號 소정素汀

시인詩人. 교육가教育家 단기檀紀 4238년생年生

본적本籍 경남慶南 동래東萊

현재現在 부산시釜山市 수정동水晶洞

출신出身 동래고보東萊高普 졸업卒業

현직現職 오남고등학교장五南高等學校長

저서著書 『소정시초素汀詩鈔』 1953. 9. 1. 간刊

동시집童詩集『반딧불』

특기特記 약관弱冠서부터 교원생활教員生活.

광주학생사건光州學生事件에 연루連累

투옥생활投獄生活 중中 해방解放

김해金海 칠산七山에 농장경영農場經營

아학유치원夜學幼稚園 설립設立, 시작詩作에 정진精進

봄

매화梅花 두셋 망울 돋볕에 피어나고
울 밑에 푸성기도 한밤 비에 자랐고나
냉잇국 저녁상 머리 봄을 풍겨 오르다

꽃 I

못다한 외론 넋이 꽃으로 피올진대
해마다 그의 봄이 뜰악에 머무르면
여시는 영창映窓 밖으로 타는 뜻을 펴리라.

꽃 II

봄은 오려거든
그린 이는 가려는다

가려는 그 이 앞에
철은 한결 고웁거라

점점이 지우는 눈물

꽃을 다시 피우리

임

정녕 꽃일러라 향기 일어 자옥하고
까마득 빛일러라 어둠속 돋는 별을
가까이 뫼시자 하여 찾아 가면 없느니

독좌獨坐

궂은 비 악수되어 쏟아지는 길머리에
애달픈 세월 속에 걸음들이 지치는가
밤마다 잠을 떨치고 솟구치는 불사조不死鳥

비짱을 닫아걸고 빈 방房에 도사린 채
밤을 지내어도 잠은 영영 아니 오고
창틈에 스미는 바람 옷깃 자로 여민다

귀주사歸州寺

어디메 승방僧房이랴
낭낭한 독경 소리

오백년五百年 지난 날이
눈앞에 선영고나

목단牧丹이 골을 울어도
창窓은 그냥 닫혔다

한나절

두멧골 한나절은 산새도 잠들었나
풀잎 실바람도 안기어 잠이 들고
봉머리 있고 없는 듯 흰 구름이 조은다

외줄기 산골길엔 길손도 끊어지고
다람쥐 태고太古를 한 바퀴 돌아오면
낙엽落葉도 정적靜寂을 안고 낟알 위에 쌓이다

이상以上 『소정시초素汀詩鈔』 초抄

서항석徐恒錫 편篇

서항석 아호雅號 경안耿岸

연출가演出家 단기檀紀 4233년생年生

본적本籍 함남咸南 홍원洪原

현주現住 서울시市

출신出身 동경제대독문과東京帝大獨文科 졸업卒業

현직現職 국립극장장國立劇場長

저술著述 번역물飜譯物과 독문학연구獨文學硏究 논문論文 다유多有

특기特記 희곡작품戲曲作品으로 『견우직녀牽牛織女』, 『콩쥐팥쥐』,
『은하수銀河水』, 『파우스트』, 『춘희椿姬』 등等
동아일보東亞日報 학예부장學藝部長 역임歷任
문총부회장文總副會長 등等

추일 잡영秋日雜詠

가을

드높은 저 하늘이 거울인 양 새말갛고
물들은 나뭇잎이 비단 같이 빛나는데
가을을 가슴에 안고 여기 나도 섰노라

야국野菊

늦장마 잔칼질에 뼈만 남은 저 비탈을
한 송이 들국화는 제철이라 꾸몄구나
나그네 지친 막대를 저기 잠간 세울거나

실솔蟋蟀

귀또리 무삼 한恨이 해마다 그리 깊어
기나긴 가을밤을 울어 새고 울어 새노
웃으며 썩는 속이야 넨들 어이 알리오

다듬이

들릴 젠 먼 데러니 들으니 가까이네
어느 집 아낙네오 뉘기 옷 다듬는지

또드락 또드락 소리 끊일 줄을 모르고

별

별 하나 나 하나 별 둘 나 둘 헤며 부르네
저 하늘 많은 별에 어느 별이 내 별인고
크지란 못할지언정 밝았기나 하였고저

1933. 10. 1.

귀성歸省 1

서울을 고향故鄕인 양 십 년十年을 살았건만
자라던 제 고향이 잊은 채 그립고야
돌아가 정情든 마슬을 다시 보고 올거나

고향故鄕이라 간다 해도 손님같이 가는 것을
가기 바쁘게 오기 또 바쁘리니
짐으란 가벼이 싸고 책冊만 한 권卷 더 넣으리

객지客地에 시름 많아 두 볼이 깎였나니
어버이 모시고서 배불리 먹고 놀다
선물로 살쪄 가지고 쉬이 다녀오리라

1937. 『동아일보東亞日報』

귀성歸省 2

내 고향故鄕 관북關北 천 리千里 멀기야 하지마는
지금은 철마鐵馬 있어 하룻밤 길인 것을
마음이 제사 바쁜 양 잠 못 이뤄 하더라

밭이요 진펄이요 언덕이요 고개러니
집이요 굴뚝이요 사람이요 연기煙氣로다
창상滄桑이 꿈결인 줄을 흥남興南 보고 알괘라

바다는 물가에서 모래랑 같이 놀고
산山은 바위틈에 진달래로 불 피는데
벌판에 노랑저고리 나물 캐다 섰더라

재 넘어 구름 뒤에 봉긋이 솟은 것은
어허 반가워라 저 아니 황동산黃童山가
널 두고 그리든 손이 예 오는 줄 아느냐

차중잡영車中雜詠

장수산長壽山을 바라며

귀 익은 장수산長壽山이 첫 눈에 정情이 든다
님도 날 그렸든가 반겨서 맞는고야
들어가 품안에 들어 읊고 새고 가리라

황해금강黃海金剛 장수산長壽山 기행문紀行文 중中에서

- 1939년年 『작품연감作品年鑑』에 실린 -

묘음사妙陰寺의 밤

깊은 산山 깊은 골이 밤 들어 더 깊으니
물소리 고쳐 높고 벌레소리 유난하다
나그네 시흥詩興에 겨워 잠 못 이뤄 하노라

동전同前

설의식薛義植 편篇

설의식 아호雅號 소오小梧

평론가評論家 단기檀紀 4234년생年生

본적本籍 함남咸南 단천端川

출신出身 중앙중학교中央中學校 졸업卒業

현직現職 무無

저술著述 『민족民族의 태양太陽』, 『소오문집小梧文集』,

『금단禁斷의 자유自由』, 『해방解放 이전以前』,

『해방解放 이후以後』, 기타其他 수필隨筆 평론評論 다유多有

특기特記 『동아일보東亞日報』 편집국장編輯局長 등等 역임歷任

『새한사』경영社經營, 『새한민보』 간행刊行

4288년年 별세別世

님께서 하신 말씀

님께서 하신 말씀 듣자온 지 몇 해런고
눈 감고 헤아리니 수물이요 일곱이라
불현듯 그리운 정에 허둥지둥 하여라

우러러 뵈옵는 듯 돌리켜 허전할사
재우쳐 읽으려니 글씨 아니 뵈일러라
더듬어 마디마디에 눈물 먼저 앞서네

어버이 일르시고 아들이 받아 쓴 글
가신 뒤 새 나라에 되박아 펴치올 때
오늘도 그런 성하여 더욱 쓸쓸 하외다

『금단禁斷의 자유自由』 중中

우리 집 오동梧桐

1

벽오동 심은 뜻은 봉황을 보려더니
봄이요 가을이요 어제런 듯 팔년八年이라
그래도 오는 양하여 내 못 잊어 하노라

1931. 11. 『신동아新東亞』 창간호創刊號

2

대도大道가 트였으매 천하天下가 밝았거늘
신조神鳥 어이 하여 날르기 더디든고
재 넘어 석양夕陽이 지니 쓸쓸 더욱 하여라

1946. 11. 21.『해방解放 이후以後』

제야除夜

1

사슬이 풀린 뒤로 몇 날 몇 날 보냈는고
비바람 북새질에 하마 거이 잊을랐다
구태여 새기어 본들 무슨 보람 있으리

2

이 밤을 새이자니 가는 해 서러워라
잠들어 있자 하니 잠이 다시 깨이것다
제 숨에 바람은 몰아 소름마저 일더라

3

요내 내요 맞겨누어 그 뉘 어이 잘났드뇨
예行노라 걸은 길이 자욱마다 눈물이라
쓰린 듯 허전한 가슴 도루 답답하여라

해방解放 후後 다음해 제야除夜

연두송年頭頌

반만 년半萬年 오랜 터에 이 겨레 있소이다
한 줄기 퍼진 꽃이 고스란히 폈소이다
한검님 뜻이옵거니 어이 진다 하오리

먼동이 트노매라 첫닭 울어 새이것다
새 빛 나리시라 머리 숙여 비옵거나
이 나라 굽이진 터에 고루고루 펴소서

거문고 되오리까 둥둥 북이 되오리까
즈믄 해 길이길이 흥에 듬뻑 울리리까
왼 누리 드높은 소리 외쳐 볼가 하노라

1947. 군정軍政 때 『동아일보東亞日報』

신영철申瑛澈 편篇

신영철 아호雅號 위정爲正

한글학자 단기檀紀 4258년생年生

본적本籍 강원도江原道 춘천春川

현재現在 서울(가족家族)

출신出身 춘천고보春川高普 졸업卒業

저술著述 『고시조신석古時調新釋』, 『고문신석古文新釋』,
기타其他 논문論文 기행紀行 등等

특기特記 재학在學 당시當時부터 민족애民族愛에 깊었다.
한글연구, 한글학회회원, 한글사전편찬위원.
중앙여자대학교수中央女子大學敎授 역임歷任.
6·25 때 납북拉北

깃발은 피에 젖어

오백 해 겪은 풍파 옛일로만 여길테냐
오늘도 부는 바람 마음 어이 놓을소냐
피 묻은 한글의 깃발 지키는 이 몇이뇨

철창 찬 마루에 발끝이 끊어질제
서리 친 유리 위에 익혀 그린 한글 공부
눈물도 얼어 지어서 꽃무늬를 그렸네

앵무새 아니언만 남의 말 남의 소리
헐벗고 굶주리며 아첨의 혀 배우다니
가시관 쓰고 가오신 임의 자취 보느냐!

아아! 한글의 깃발은 피에 젖어
우리의 가는 앞길 하늘높이 휘날린다
한글에 한글 나라에 자유 영광 빛나라

잠 깨인 친구들아! 한길로만 달렸으라
이 깃발 빛난 앞길 어둔 강산 두루 밝혀
한글의 겨레 힘차게 쏜살같이 내달세

한글 반포 500주년 기념 날

병란한丙亂恨
-송파松坡 부근附近에서-

흘러 천만 년千萬年에 물도 산도 바뀌거늘
수치론 역사歷史만이 마음속에 남다더냐
못 갚은 원수이기에 풀 때까지 못잊어

나라라 불렀거든 모래같이 밟히다니
삼군三軍 병마兵馬들이 허수아비 되단 말이
집안 쌈 볶는 사이에 칼과 창이 녹쓸어

『한글』 2권卷 5호號

무상無常의 바람
-토성土城을 바라며-

가엾다 저 토성土城아 너를 믿고 살았으니
만리성萬里城 쌓고 뻐긴 진秦나라도 망亡했거늘
하물며 여린 나라를 어이 지녀 지키리

백 년百年도 꿈결처럼 천 년千年도 구름같이
흐르는 물을 따라 흥망興亡도 거품인 양
오늘도 무상無常의 바람 쉴 새 없이 부노나

동상同上

농민農民
-곤지암리昆池岩里 부근附近에서-

풍년이 온다는데 아직도 맨발이냐
좋은 때 왔다면서 상기도 헐벗었나
고픈 배 몇 때나 채워 밥 근심을 말려니

쌀은 많다는데 어데로 새어 가나
새도 가마귀도 먹고 남을 쌀이련만
모자라 굶주리다니 알고 모를 일일세

동상同上

영릉英陵 전前에서

어져 이 석인石人아 입 열어 말하여라
돌라선 양마羊馬들아 소리 내어 울지어다
오백 년五百年 지내온 일을 이제 바로 일러라

이마 조아리어 포의布衣들이 뵙나이다
망국亡國에 울던 무리 임을 그려 왔나이다
기대고 믿을 곳 찾아 여기까지 왔나이다

엎드린 어린 무리 옛날과 같나이다

뜻대로 살고 싶어 원願하고 비나이다
끼치신 크신 마음을 다 못 폄을 우나이다

1946. 10. 6. 동상同上

심혁남沈爀南 편篇

심혁남 아호雅號 만향晩香

시조시인時調詩人 단기檀紀 4231년생年生

본적本籍 경기京畿 장단長湍

현재現在 서울특별시特別市 동대문구東大門區 용두동龍頭洞 144의 94

출신出身 한학漢學

현직現職 동회사무소洞會事務所 직원職員

저서著書 별무別無

특기特記 한시漢詩와 시조時調 수련修鍊 고황제高皇帝 승하시昇遐時 만시挽詩 '시조時調'에 당선當選, 면장面長 등等 공직公職 역임歷任

4290년 개천절경축백일장年開天節慶祝白日場에서 「시조 삼時調三」 등等 당선當選, 시조時調는 육당六堂·춘원春園에게서, 서도書道는 해강海岡김규진金圭鎭에게서 배움

수선화水仙花

온 누리 겨울인데 네 홀로 봄이랏다
수집은 듯 아리따움 우의羽衣를 간직하니
아마도 옥루은궐玉樓銀闕을 그려함인가 하노라

고서古書를 괴었으니 생애生涯도 간초롭다
조약돌 수편數片이요 맑은 물 일국一掬이라
이 위에 선향仙香이 풍기니 네야 긴가 하노라

짤단한 겨울햇살 남창南窓에 따사롭다
찬바람 새어들면 행여나 얼을세라
화로火爐에 불 불어놓고 창窓을 굳이 닫노라

1955. 1. 1.『조선일보朝鮮日報』

광릉행光陵行

1

녹음綠陰은 우거지고 방초芳草는 살졌것다
차고간 술 풀어놓고 삼삼오오三三五五 모였은저
어디서 꾀꼬리 노래하며 함께 놀자 하더라

2

송정松楨은 창고蒼古하고 풍색楓槭은 연녹軟綠한데
진조珍鳥 클락새는 깃한 가지 어디런가
단정丹頂에 현조도의玄鳥道衣를 못내 아껴 하노라

3

세조世祖님 릉陵앞에 절하고 돌아보니
흰 구름 뭉기대며 가는 듯 머물러를
청풍淸風이 귀가으로 지나며 무얼 그리 오라더라

1955. 5. 31.『조선일보』

비봉碑峰 회고懷古

그날에 남은 어향御香 바람결에 드리는 듯
동천洞天은 여이련만 두견성杜鵑聲은 무삼 일고
지금至今에 지나는 유민遺民 눈물겨워 하노라

군신群臣을 거나리고 봉두峰頭에 오르샷다
산하山河 대지大地를 일모一眸에 거두시니
마운령摩雲嶺 가시는 길도 멀다 아니 하시니라

한 자字는 왕자王字인 듯 저 자字는 대자大字인가
풍우風雨 일천 년一千年에 남은 글자字 오십팔五十八을

읽으신 김정희金正喜 선생先生 더욱 빛나시그녀

1955. 7. 29.『조선일보朝鮮日報』

독 임란사讀壬亂史 유감有感

1

서창西窓에 잔일殘日인데 한정寒灯도 명멸明滅컷다
일 권一卷 임난사壬亂史 안두案頭에 젖이올 제
덧없는 두 줄 눈물이 부인 뺨을 적시고녀

2

한산閑山섬 아니 여니 기러기는 무삼 하며
압강鴨江이 아니 여니 한풍寒風은 무삼 일고
그날에 애 끊이시든 임 뵈옵는 듯하여라

3

남강南江이 푸르기는 논개論介의 피 흔적이
연광정練光亭 달빛 아래 계월향桂月香 어데 간고
어지버 천고千古에 남을 한恨을 눌과 함께 이애일고

4

일지등一枝燈 들어볼가 일호주一壺酒 기울일가
한 자루 벼른 칼이 갑匣 속에 우지나니

서창書窓에 잠 못 든 손이 어루만지고 있노라

1957. 개천절경축백일장開天節慶祝百日場 3등 입상작入賞作

안확安廓 편篇

안 확 아호雅號 자산自山

저술가著述家. 단기檀紀 4219년생年生

본적本籍 서울

현재現在 서울(가족家族)

출신出身 한학漢學

현직現職 무無

저술著述 『조선문학사朝鮮文學史』 1923. 4. 간刊

『시조시학時調詩學』 1940. 4. 25. 간刊

『조선무용전朝鮮武勇傳』 1947. 간刊

특기特記 한학漢學·문학文學·사학史學 또는 정경론政經論에까지 술론述論한 국학자國學者, 우리문학사文學史를 엮은 최초最初의 사람

1946년年 별세別世

길림秋吉林秋

강파江波에 바람 치니 밝은 달이 구으른다
단풍丹楓이 서두르니 도처到處마다 낙엽落葉이라
만리萬里에 객客의 수심愁心이 새로 수선허고나

상해 하야上海夏夜

묻노라 뉘 집에서 호적胡笛소리 날리느냐
바람에 휩쌔들어 왼 상해上海에 헤쳐진다
어즈버 여관고침旅舘孤枕에 잠이 더쳐 허노라

간도행間島行

산山 설고 물도 선데 지팽이가 벗이로다
오늘밤 던져 자긴 모르노라 뉘 집이냐
황량荒凉헌 만리萬里 벌판에 계견성鷄犬聲도 없구나

승가사僧伽寺

위태危殆헌 바위 옆에 한 절간이 매달렸다
절 내력來歷 무러보니 앉은 부처 말없구나
홈통筒에 흐르는 샘이 대신代身 얘기 한대나

하일夏日
-5수五首 중中 1, 2, 3만-

녹음綠陰에 앉어 보니 경치景致 절로 벗이로다
화단花壇에 새 발자죽 창태蒼苔 우에 인印을 친다
남산南山에 수레구름은 비를 싣고 오더라

가물은 불을 지펴 왼 하늘을 살라낸다
햇살은 쇠를 녹여 시루 속에 떨어진다
여간如干해 부채바람이 얼음 세상世上 만들냐

발 벗고 가심 풀고 산정자山亭子에 누웠어라
스스로 내 평생平生에 무슨 낙樂이 있을마나
유월 천六月天 이때 여기서 제일 교인第一驕人 이로다

이상以上 『시조시학時調詩學』 초초抄

야심사夜深詞 평삼平三

장안長安에 등燈이 깊어 고요하기 절 같다가
새벽 바라 떨어지면 다시 인간人間 열리더니
지금至今껏 소리 안 나니 밤이 아직………….

충열사忠烈祠 계삼界三

충열사忠烈祠 마당 앞에 석양夕陽이 기우는데
후장後墻에 높은 나무 바람소리 이상異常하다
절 하고 문門에 나오니 한산도閑山島가………….

동가행冬街行 반엽半葉

찬바람 칼날인데 용쾌勇快하다 행인行人들
눈보라 치는 중中에 활보活步 더욱 어떠하냐
치위가 적敵인 양하야 싸호는 듯………….

사효종寺曉鐘 소용騷聳

법림法林에 사는 중이 새벽을 맡았고야
제치는 종鍾소리에 원동遠東이 트노매라
대사大師야 내일來日은 쉬소 내가 한번………….

以上 1930. 12. 31 『동아일보東亞日報』

양상경梁相卿 편篇

양상경

시조시인時調詩人. 단기檀紀 4237년생年生

본적本籍 전북全北 김제金堤 금구읍金溝邑

현주現住 서울시市 계동桂洞 140의 12

출신出身 한학漢學

현직現職 실업實業

저서著書 시조집時調集『출범出帆』1947. 1. 1 간刊

특기特記 시조운동時調運動에 유공有功

서울서 시조연구회時調硏究會 부회장副會長

전주全州서 아풍회雅風會 조직組織

최근最近에도 시조율격時調律格에 대對한 연구硏究와 창작創作에 정진精進하고 있음

해방解放의 종鍾소리

해 떴다 문 열어라 강산江山이 새롭고나
삼십육 년三十六年 모진 음풍 오날이야 풀렸고나
인경은 소리를 높여 한恨 풀었네 하더라

우렁찬 자유自由의 종鍾 그립던 해방解放의 종鍾
흐르는 음파音波에서 새 생명生命이 솟아오네
장안長安은 곡조曲調를 맞추어 춤추는 듯하더라.

1945. 8. 인경 울리던 날

국기國旗 달던 날

태극기太極旗 올려 단다 그립던 우리 국기國旗
반만년半萬年 지났으니 억만년億萬年에 빛나리라
진실로 이 깃발 아래 영광榮光없고 어이리

깃발이 휘날리매 애국가愛國歌 절로 난다
동해東海물 백두산白頭山이 마르고 닳더라도
진실로 우리나라 영원무궁永遠無窮 하옵세

1945. 9. 7 풍남학교豊南學校 국기게양식國旗揭揚式에서

새와 함께 우던 날

우리의 살을 에어 깃발을 만들어도
우리의 뼈를 갈아 화환花環을 틀지라도
삼열사三烈士 거룩한 뜻에 비길 줄이 있으리

구름 덮인 곳에 우리 님 계시는가
송림松林 깊은 곳에 고요히 누셨는가
높고도 청정淸淨한 곳에 임계신가 하노라

잔디밭 뿌리 펴듯 임의 뜻이 널리 펼쳐
삼천리三千里 한 색으로 새움이 돌아오네
심산深山에 임의 뜻 전傳하니 새도 울고 있더라

1946. 7. 6 삼열사三烈士 반장返葬하던 날

산촌생활곡山村生活曲

시락죽 반 그릇도 놀고서야 먹을 건가
밤에는 새끼 꼬고 새벽에 집 나서서
왼 종일 밭 갈고 나니 갈 길 암암하여라

닭 팔아 책값 주고 참깨 주고 석유石油 바꿔
글 읽는 애소리에 왼 집안이 명랑코나

수업료 모자란 돈은 발품으로 채우자

때 묻은 벼잠방이 빨기가 두렵고나
이물을 다시 빨면 몇몇 구멍 날 것인고
두어라 천 구멍 깁더래도 깨끗이나 입으리

내일은 나물 캐라 버섯도 따려므나
나는 그물 지어 새우를 잡으리라
언제나 산해진미山海珍味를 부모님께 드리리

1945년

승무곡僧舞曲

나비가 내려오듯 저 중이 내려온다
고깔 쓰고 장삼 입고 가사 메고 내려온다
저 나비 숫인 양하여 조심하여 오더라

산山 위에 없는 꽃이 산山 아래에 피었던가
한 번 날아 잎에 앉고 다시 날아 꽃에 앉네
저 중이 향기香氣에 취醉해 갈 길 몰라 하여라

시조작법時調作法

치마는 초장初章이요 저고리는 중장中章인가
반듯한 동정 달아 말장末章이라 이르러니
젖가슴 탐스런 맛도 옷맵시로 나더라

사사조四四調 기본형基本型은 날수와 같은지라
이십팔二十八도 한 달이오 삼십일三十一도 한달이니
절節 맞춰 잎 피고 꽃 피이면 향기香氣절로 나리라

높은 하늘 밝은 달이 두렷이 걸린 뜻은
옛 임의 시조혼時調魂을 받들어 비침일가
달 아래 거문고 소리 시조時調런 듯하여라

이상以上 『출범出帆』 초抄

풍우 십 년風雨十年

올해나 올해나 하고 기다린 지 얼마인고
물결 쳐 십 년이요 바람 불어 십 년이라
풍파風波에 시달릴수록 뼈 속까지 스민다

정釘 아닌 낙숫물이 돌을 쳐서 떨어 옌다
바우 위에 내린 솔씨 낙낙장송落落長松 잘도 큰다

십 년十年을 더 길을 뜻이 꺾일 줄이 있으리

해방解放의 종鍾소리에 목메어 서로 안고
잘 살자 이룩하자 맹서한 지 서언하다
십 년 전十年前 먹은 마음이 펴질 날이 언제니

1955. 9. 『희망希望』

사설시조辭說時調 1수一首

압록강鴨綠江 나리는 물 황해黃海로 돌아들고
한라산漢拏山에 이는 바람 백두산白頭山에 부듯쳐서
삼천 리三千里 이 강산에 속속들이 불어온다

봄바람 따스할 제 꽃도 같이 보던 것을
여름날 시냇물에 서로 벗고 노던 것을
철벽鐵壁에 가로 막혀 못 보온 지 몇몇핸고

임이여 바람 불어 십 년十年이요 물결 쳐 십 년十年이라 언제나 다시금
만나 시름 풀어보느니

1955. 9월호月號 『희망希望』

관동기행關東紀行

-소양강昭陽江-

단 한 간 초갈망정 단꿈 꾸던 자리련만
묵은 것 하나 없고 새것만 서 있구나
새것이 흠이 아니라 옛일 그려 하노라

밀려서 내려오고 다시 쫓아 몰아내고
싸우고 또 싸워서 산山 모양도 변했어라
소양강昭陽江 눈물에 담겨 마를 날이 없어라

4290. 10. 15.

양주동梁柱東 편篇

양주동 아호雅號 무애無涯

시인詩人. 국문학자國文學者 단기檀紀 4236년생年生

본적本籍 경기京畿 개성開城

현재現在 서울특별시特別市 종로구鍾路區 관수동觀水洞 70

출신出身 일본日本 조도전대학早稻田大學 영문과英文科 졸업卒業

현직現職 동국대학교東國大學校 교수敎授
이화여대梨花女大 등等의 강사講師

저서著書 시집詩集『조선朝鮮의 맥박脈膊』
『고가연구古歌硏究』, 『여요전주麗謠箋註』, 『영시백선英詩百選』,
『민족문화독본民族文化讀本』, 『국문학청화國文學菁華』,
『세계문화독본世界文化讀本』 등等

특기特記 숭실전문崇實專門 교수敎授, 『금성金星』 동인同人
영문학자英文學者 및 국문학자國文學者로 고가연구古歌硏究의 권위자權威者
전국대학국어국문학교수단全國大學國語國文學敎授團 이사理事
4290. 4. 명예문학박사학위名譽文學博士學位 받음(연세대학교延世大學校)

임을 잠간 뵈옵고

1

정녕 뵈왔고나, 임을 다시 뵈왔고나,
하도 오래 여흰 임을 언결 마주 뵈왔고나,
아무리 어수선엔들 내임 몰라보리오.

2

어둠도 긴 저이고, 빗바람 재오친 제,
먼 불 혹 깜빡인가 저벅 소리 행여 귄가,
창 옆에 언 몸 기대어 몇 밤 샌 줄 몰라라.

3

내 이제 돌아오다, 우렁차신 그 목소리,
꿈결엔들 안 익으리 소소라쳐 내달으니
아니나, 그리운 그님 우뚝 거기 스셨네.

4

어허 내 님 이로고나, 분명 내님 이로고나,
자나 깨나 보고지고, 울명불명 찾던 그 님.
지화자, 내 님이로고나, 어화 내 님이로고나.

5

외마디 소리 치자 억 막혀 가슴 쥐고,
냅달아 부여잡고 얼빠진 듯 춤추다가,
흐느껴 얼싸 안긴 채 몸부림을 쳤소라.

6

벙어린 양 말 못하고 못난인 듯 짓밟혀서,
숨 막히고 가무라쳐 몇 고비를 지내온고,
이제사 고개 젖히니 한숨 휘유 나괘라.

7

타오신 그 수레를 몇몇 분이 미옵신고,
손발사 묶였던 줄 임은 하마 아옵셔도,
앉은 채 뵈옵는 마당 눈물 글썽 괴어라.

8

임 뫼신 이 뒤에란 푸념 아예 마오리라,
잔 투정 그만 두고 옥신각신 마오리라,
여흰 적 시틋턴 일이 뼛골 아니 저리뇨.

9

오늘은 임의 방에 손 가득 떠들석을,
겪기 아니 분주한가, 서두른 채 흥겨워를,
오랫만 벌어진 잔치 날 가는 줄 몰라라.

10

밤이 하마 이슥ㅎ거다, 손님 상긔 계오신가,
고대 촛불 앞에 오붓할 줄 알건마는,
그 사이 또 기다려져 문을 자주 바라라.

『해방기념시집解放記念詩集』

수수께끼 4장四章

(어느 종이 만드는 친구가 「종이」를 제題로 한 희시戱詩를 청하기에,
즉흥적卽興的으로 약간의 딴 「뜻」을 곁들여)

1

고대— 운산雲山 몇 만萬 겹이 아니언만,
안타까이 고[琴]를 안고 노래하는 사내 앞에
전부라顚不剌 고운 사람을 가린 것은 무엇이뇨?

* 中間 一層紅紙, 幾眼疎欞, 不是雲山幾萬重. -『서상기西廂記』의 「금심琴心」
* 전부라디顚不剌的: '몹시 예쁘다'는 뜻의 금대金代의 속어俗語. 『경염驚艶』편篇에 보임.

2

첫 사랑 옛 글월에 사연도 많았것다!
썼다 또 썼다가 모두 다 지워버리고
하야얀 넓은 한 끝에 동그라미를 그리니라

* 어렸을 적 실사實事. 동그라미는 '베제'를 위한 표.

3

옛츠와 두보杜甫가 잔 들고 탄식하네,

곁들어 방옹放翁도 한 구句를 읊는 소리——

엷어도 말세末世 인정人情보다는 두터운 것 있어라!

* 나는 술잔을 입에다 들고 그대를 바라보며 탄식하노라 -옛츠,「술노래」

* 翻手作雲覆作雨 紛紛輕薄何須數 -두보杜甫,「빈교행貧交行」

* 生前客屨紛滿戶 身後人情薄於紙 -육유陸遊 시詩

4

순수純粹 말라르멘 고고孤高가 병病이랏다!

붓방아 노 찧다가 흰 채로 남겼다네만,

백야白也는 그 무슨 객기客氣, 푸른 하늘을 펴접으니?

* 青天一張紙, 寫我腹中詩 -이백李白

이광수李光洙 편篇

이광수 아호雅號 춘원春園

소설가小說家. 단기檀紀 4225년생年生

본적本籍 평북平北 정주定州

현주現住 부인夫人 허영숙許英肅 여사女史는 서울
두 따님 도미류학渡美留學 중中

출신出身 명치학원明治學院 중학부中學部 졸업卒業
조도전대학早稻田大學 문학부文學部 철학과哲學科 3년 수업修業

저서著書 『춘원시가집春園詩歌集』 1955. 7. 15. 간刊
기타其他 『무정無情』, 『흙』, 『단종애사端宗哀史』,
『이순신李舜臣』, 『꿈』, 『사랑』, 『나』 등等의 소설小說
『삼인시가집三人詩歌集』 등等의 시집詩集
기타其他 평론집評論集. 문학독본文學讀本 등等 다유多有

특기特記 현대소설現代小說의 개척자開拓者, 창작생활創作生活, 저술가著述家,
6·25 때 납북拉北

중추월中秋月

중추월仲秋月 중추월仲秋月 달도 달도 밝으시고
산山마다 안개어늘 풀잎마다 이슬인데
마을에 떡 치는 소래 옛 정情인가 하노라

들국화菊花 피인 곳에 시내 울어 예노매라
허리 굽으려 마시오려 하올 적에
물 가득 달빛 넘치오니 중추월仲秋月인가 하노라

1925. 10. 10.『동아일보東亞日報』

복조리

아가 문 열어라 복조리 사려므나
맑은 가문에 설마 복을 탐내랴만
저다지 외치는 소리를 모른달 줄 있으리

여보소 조리장수 복조리 파는 장수
얻은 사랑을 담는 조리 보았는가
그 조리 있으량이면 있는 대로 다 내소

조리 사시오들 복조리 사시오들
나는 복 없어도 내 조리 복 있답네

내 조리 사는 양반은 수부다남 하오리다

복조리 나는 싫의 있는 복도 나는 싫의
우리 님 안 계시니 복은 하야 무엇 하리
우리 님 오시게 할진대 목숨 주다 안 사리

여보소 복조리장수 임자 조리 몇 개 있는
여기 짐 부리소 있는 대로 다 내놓소
이천 만二千萬 살뜰 동포께 고로 선물 하랴네

1930. 2. 1. 『동아일보東亞日報』

발자욱

바닷가 세모래에 임 남기신 발자욱을
더듬어 더듬어서 오늘 해도 저물었네
밤물이 들었다 나면 다 씻길가 하노라

단장을 버리나이다

내 이제 이 세상에 뵈올 임 없사오니
분인들 바르리까? 향물인들 뿌리리까?

단장을 버리나이다 누더기를 입나이다

3수首 中 1수首

하나님
-누가복음 12장-

전지全知 하오셔늘 내 마음만 못 여겨서
전능全能 하오셔늘 내 마음만 못 여겨서
믿어야 하올 이셔늘 못 믿어온 내러라

내시와 기루시와 먹이시와 입히시와
빛으로 비최시와 어루시와 만지시와
품에 늘 안으시어늘 안겨시다 하니라

잘 하면 잘한 값을 못 하올 젠 못 한 값을
더도 들도 없이 적으시와 셈 하시와
고루게 나리우셔늘 약속하다 하니라

임 아니 겨실진대 어둔 세상 어이 살리?
하물며 죽음 길에 의지할이 그 뉘런가?
진실로 임 겨오시매 마음 든든하여라

내 털 오리오리 모르시는 오리 있나?

내 날 하로하로 임이 마련하신 것이
하늘에 새 한 마리도 잊으심이 없으셔라

봄비 나렸으니 주신 씨나 뿌릴 것이
잎이 자랐으니 기심이나 매올 것이
여물고 익히시기는 임이 손소 하실것이

불심佛心

무엇은 못 드리랴 몸이어나 혼이어나
억만 번이나 죽고 나고 죽고 나서
그 목숨 모다 드려도 아까울 것 없어라

삼천대천세계三千大千世界 바늘 끝만한 구석도
임 목숨 안 버리신 때이 없다 하였어라
중생을 사랑하심이 그지없으시어라

어둡던 맘일러니 이 빛이 어인 빛고?
구원겁래久遠劫來에 못 뵈옵던 빛이어라
그리도 굳은 업장業障이 이제 깨어지니라

무엇을 바치리까? 박복하고 빈궁하와
바칠 것 바 없어라 그똥 몸을 아끼리만

한 송이 꽃만 못 하오매 그를 설어 합니다

은거隱居

살구꽃 다 날리고 앵두꽃도 한물지니
담 너머 벚꽃이 드뭇드뭇 피었는데
뜰 앞에 옮긴 목련木蓮도 새순 돋아나더라

밤 새이는 부헝이의 소리 아직 안 끊인 제
무당새 하마 깨어 첫 가락을 아뢰오니
이몸도 소세하옵고 아침 송경誦經 하오리라

지게 지고 저울 들고 넉마 수지 파쇠 장사
황해도黃海道 사투리로 익살 섞어 값을 깎아
한 짐은 되는 내 책을 칠십 전七十錢에 사가니라

과일로 심 안 되어 닭을 치다 하더니만
막벌이 석수石手일 다 잘 하는 부성이네
식전에 세간을 실고 앞 개천을 건너더라

옥수수

옥수수 붉은 수염 이슬 구슬 맺힐 때면
담 너머 싸리꽃이 비에 젖어 숙을 때면
임 함께 그니던 날을 내 못 잊어 하노라

어머니

새옷 입을 때면 어머님이 생각혀라
삼동 다 지나도 솜옷 한 벌 없으시고
가난에 쪼들리시던 젊으신 이시왔다

장맛비 퍼붓던 날 젖은 나무 임을이고
치마 자락에 호박잎에 싼 딸기를
보경寶鏡아 부르시와서 주시던 이시왔다

채마 좁은 끝에 옥수수를 심그시와
여물기도 전에 저녁 짓는 아궁이에
구어서 꼬창이 꿰어 주시던 이시왔다

손소 누에 놓아 명주 한 필 낳은 것을
싸서 두고두고 끄내어서 보고 보고

보경寶鏡이 장가들기를 기다리신 이샷다

홀어머니 어린 누이 네 몸에 루累되어서
장부丈夫일 못 하리라 아바 따라 가오리라
아바님 시체屍體를 넘어 돌아가신 이샷다

이상以上 『춘원시가집春園詩歌集』 抄抄

비둘기

오오 봄 아침에 구슬프게도 우는 비들기
죽은 그애가 퍽으나두 설게 듣던 비둘기
그애가 가는 날 아침에두 꼭 저렇게 울더니

그애 그 착한 딸이 죽은 지도 벌서 일 년
나두 죽어서 비둘기가 되고 싶어
산으로 돌아다니며 울고 싶어 하더니

『조선문학전집朝鮮文學全集』「시가집詩歌集」

이판구李寬求 편篇

이관구 아호雅號 소백少白

언론인言論人. 단기檀紀 4231년생年生

본적本籍 서울

현주現住 서울 성북구城北區 성북동城北洞 187~1

출신出身 경도제대京都帝大 경제학부經濟學部

현직現職 경향신문京鄕新聞 논설위원論說委員. 성대교수成大敎授

저술著述 논설집論說集

특기特記 한국신문편집인협회장韓國新聞編輯人協會長

최근最近 시조작품時調作品 발표發表 있음

원단元旦 우음偶吟

동천東天이 밝으려니 홰치며 닭이 운다
꼭 기어期於 새해라네 마다해도 새해라네
아이는 눈썹 지키다가 잠이 깜빡 들었군

삼십 년三十年 놀린 붓대 하루살이 글일레라
솜에 바늘 싸듯 다뤄온 한恨이 큰데
아직도 가슴 헤치고 붓대 들 수 없다니

육십 년六十年 일수日收ㅅ변을 갚고 갚아 온 셈인가
그만치 갚았으면 셈 마감도 됨직한데
갈수록 무거운 빚이 처지기만 하여라

해뜨기 벼르나다 부채살 뻗쳐나다
원자구름 이럴 것이 어둠의 씨 다 태워라
아이야 해마중 하자 두 손 높이 들어라

1957. 1. 5. 『경향신문』

월남月南 선생先生을 그리며

1

청년青年과 같이 늙을 시렵다 하지마소

내 젊게 놀아야지 청년青年더러 늙으랄자
뒤덤벙 청년青年겨룸이 가실 줄이 있으랴

2

위대偉大한 야인野人 야화野話 나라 위한 한뜻이라
구수한 웃음에도 눈물이 번지더니
오늘에 사모치는 마음 더욱 그리 하여라

3

산山 넘어 산山에 산山이 중중重重하고 첩첩疊疊한데
한 빛 푸르르게 저 하늘이 드높고나
무위한無違恨 울어예는 산山새야 누굴 위해 이거니

1957. 6. 28.『경향신문』

이병기李秉岐 편篇

이병기 아호雅號 가람

국문학자國文學者. 시조시인時調詩人. 단기檀紀 4224년생年生

본적本籍 전북全北 익산益山

현주現住 서울특별시特別市 계동桂洞 2의 24

출신出身 경성고보부설京城高普附設 교원양성소敎員養成所

현직現職 중앙대학교中央大學校 교수敎授 서울대학교大學校 강사講師

저술著述 시조집時調集 『가람시조집嘉藍時調集』, 『역대시조선歷代時調選』, 『한중록恨中錄』·『요로원야화기要路院夜話記』의 고전주해본古典註解本 다多
『국문학전사國文學全史』(백철白鐵 공저共著), 『국문학개설國文學槪說』,
「시조론時調論」 등等 기타其他 연구논문硏究論文 많음

특기特記 호영학원교원湖英學院敎員을 출발出發, 휘문고보교원徽文高普敎員.
해방解放 후後 문교부文敎部 편수과장編修課長.
서울대학교大學校 교수敎授. 전북대학교학全北大學校 문리과대학文理科大學 학장學長 등等 역임歷任, 혁신풍革新風의 시조작가時調作家로 시조부흥時調復興에 공로功勞 절대絶大함

봉천행奉天行
-9장九章 중中-

압록강鴨綠江

번번한 강江물이 하늘에 닿았는데
돛 달은 저 배는 어데메로 가는고
이따금 맑은 바람은 소리 없이 지나더라

자는 듯한 저녁 물에 반짝반짝 하는 것이
별이냐 달이냐 고기 잡는 불빛이냐
드높은 저 언덕 위에 전기등만 벌었어라

1925. 7. 1.『동아일보東亞日報』

계곡溪谷

맑은 시내 그늘 짙은 소나무 숲
높은 가지들은 비껴드는 볕을 받어
가는 닢 은바늘 처럼 어지러이 반짝인다

청靑기아 두어 장을 법당法堂에 이어 두고
앞뒤 비인 뜰엔 새도 날어 아니 오고
홈으로 나리는 물이 저나 저를 울린다

헝기고 또 헝기어 알알이 닦인 모래
고운 옥玉과 같이 갈리고 갈린 바위
그려도 더러일가바 물이 씻어 흐른다

폭포瀑布 소리 듣다 귀를 막어도 보다
돌을 베개 삼어 모래에 누어도 보고
한손에 해를 가리고 푸른 허공虛空 바라본다

바위 바위 우로 바위를 업고 안고
또는 넓다 좁다 이리 저리 도는 골을
시름도 피로疲勞도 모르고 물을 밟어 오른다

얼마나 험하다 하리 오르면 오르는 이 길
물소리 끊어지고 흰 구름 일어나고
우러러 보이던 봉오리 발 아래로 놓인다

대성암大聖庵

고개고개 넘어 호젓은 하다마는
풀섶 바위서리 빨간 딸기 패랑이꽃
가다가 다거도 보며 휘휘한 줄 모르겠다

묵은 기와쪽이 발끝에 부딪치고

성城을 고인 돌은 검은 버섯 돋아나고
성그시 벌어진 틈엔 다람쥐가 넘나든다

그리운 옛날 자취 물어도 알 리 없고
벌건 뫼 검은 바위 파란 물 하얀 모래
맑고도 고운 그 모양 눈에 모여 어린다

깊은 바위굴에 솟아나는 맑은 샘을
위로 뚫린 구멍 내려오든 공양수供養水를
이제도 의상義湘을 더불어 신라시절新羅時節 말한다

별이 쨍쨍하고 하늘도 말갛더니
설레는 바람 끝에 구름은 서들대고
거뭇한 먼 산 머리에 비가 몰아온다

박연폭포朴淵瀑布

이제 산山에 드니 산山에 정이 드는구나
오르고 나리는 길 괴로움을 다 모르고
저절로 산인山人이 되어 비도 맞어 가노라

이골 저골 물을 건느고 또 건느니
발밑에 우는 폭포 백百이요 천千이러니

박연朴淵을 이르고 보니 하나밖에 없어라

봉머리 이는 구름 바람에 다 날리고
바위에 사긴 글발 메이고 이지러지고
다만 이 흐르는 물이 굳지 아니 하도다

난초蘭草

빼어난 가는 닢새 굳은 듯 보드롭고
자짓빛 굵은 대공 하얀 꽃이 벌고
이슬은 구슬이 되어 마디마디 달렸다

본디 그 마음은 깨끗함을 즐겨 하여
정한 모래 틈에 뿌리를 서려 두고
미진微塵도 가까히 않고 우로雨露 받어 사느니라

매화梅花

외로 더져 두어 미미히 숨을 지고
따뜻한 봄날 돌아오기 기다리고
음음한 눈얼음 속에 잠을 자든 그 매화梅花

손에 이아 치고 바람으로 시달리다
곧고 급한 성결 그 애를 못 석이고
맺었든 봉우리 하나 피도 못한 그 매화梅花

다가오는 추위 천지를 다 얼려도
찾아 드는 볕은 방으로 하나 차다
어느 뉘[世] 다시 보오리 자취 잃은 그 매화梅花

옥잠화玉簪花

빛나는 파란 닢새 파란 대공 하이얀 꽃
꽃마다 동글동글 옥玉비녀 꽂아 놓은 듯
이 아니 아름다우랴 이름 또한 옥잠화玉簪花

맵시며 차림차리 담장擔粧한 미인美人이다
유달리 맑은 향기 은은하게 움직이고
서로히 대할 적마다 웃는 듯도 하구려

젖

나의 무릎을 베고 마지막 누우시든 날.

쓰린 괴로움을 말로 차마 못하시고
매었든 옷고름 풀고 가슴 내어 뵈더이다

까만 젖꼭지는 옛날과 같으오이다
나와 나의 동기 어리든 팔구八九 남매
따뜻한 품안에 안겨 이 젖 물고 크더이다

그 뜻

외어 두고 두고 그리워 하던 그대
다만 믿어 오기 고운 그 맘이더니
이제야 보는 얼굴도 맘과 다름 없고나

그리 아오실 이 몇몇이나 있으리오
머리를 조으고 간절히 비옵노니
처음에 맹서하시든 그뜻 잊지 마오

구름

새벽 동쪽 하늘 저녁은 서쪽 하늘

피어나는 구름 그 빛과 그 모양을
꽃이란 꽃이라 한들 그와 같이 고우리

그 구름 나도 되어 허공虛空에 뜨고 싶다
바람을 타고 동東으로 가다 서西으로 가다
아무런 자취가 없이 슬어져도 좋으리

낙엽落葉

담 머리 굴참나무 그늘도 짙을러니
높은 가지 끝에 한두 잎 달려 있고
소소리 바람이 치는 벌써 가을이구려

지는 닢 너도 어이 갈 바를 모르고서
바람에 흩날리어 이리 저리 헤매느냐
그러다 발에 밟히어 흙이 되고 마느냐

날어드든 잎이 뜰 앞에 가득하다
바람이 자고 달은 고히 비쳐 들고
밤마다 서리는 내려 하얗게도 덮는다

봄 2

봄날 궁궐宮闕 안은 고요도 고요하다
어원御苑 넓은 언덕 버들은 푸르르고
소복素服한 궁인宮人은 홀로 하염없이 거닐어라

석은 고목 아래 전각殿閣은 비어 있고
파란 못물 위에 비오리 한자웅雌雄이
온종일 서로 따르며 한가로히 떠돈다

1928. 4. 19. 『동아일보東亞日報』

저무는 가을

들마다 늦은 가을 찬바람이 움직이네
벼이삭 수수이삭 으슬으슬 속살이고
밭머리 해 그림자도 바쁜 듯이 이누나

무 배추 밭머리에 바구니 던져두고
젖 먹는 어린 아이 안고 앉은 어미 마음
늦가을 저믄 날에도 바쁜 줄을 무르네

풀버레

사설시조

해만 설풋하면 우는 풀버레
그 밤을 다하도록 울고 운다.

가까히 멀리 예서 제서 쌍져 울다
외로 울다 연달아 울다 뚝 끊쳤다 다시 운다
그 소리 단조하고 같은 양해도 자세 들으면 이놈의 소리 저놈의 소리 다 다르구나

남 몰래 겨우는 시름 누어도 잠아니 올 때 이런 소리도 없었은들 내 또한 어이 하리

우뢰

한껏 찌고 우리고 나무닢 하나 까딱없고 돋는 달 연홍시 같고 밭은 번개는 오락가락 하다

지꽃은 바람 급작이 일며 굵은 비 마구 뿌려 앞뒤 창을 두드리고 우루룽우루룽 벼락이 나려치고 번쩍번쩍 불칼을 휘날린다

책상冊床 한 머리 등은 자주 깜빡이노니 보든 글도 두고 묵묵히 외로 앉아 나는 나의 한적閒寂을 깨닫노라

이상以上 『가람시조집嘉藍時調集』 초초抄

홍원저조洪原低調

어둑새벽부터 빤히 트이는 하늘
가로 푸른 선線은 담녹淡綠과 연분홍빛
내 매양 자고 일어나 거울삼아 보노라

몹시 기다리다 아이들 편지 보니
팔순八旬된 아버지 주야로 염려하시며
차디찬 방에 겨오셔 이 겨울을 나신다고

바다를 앞에 두고 보랴 보든 못하여도
전진前津 송도松島에 그 모양 그 이름과
아울러 파도波濤 소리는 귀에 이미 젖었다

조을다 깨어 보니 산듯한 별이 난다
한나절 오던 눈이 지붕마다 소복하고
흐리던 구름 걷히며 파란 하늘 돋는다

뜰에 나든 별이 창으로 다시 든다

하루를 보내기 한해도곤 더디더니
어느듯 제 돌을 이어 또 가을이 되었다

1942. 4. 3. 작作『한국시인전집韓國詩人全集』

길

종일 피로하여 걸음이 아니 걸린다
그래도 발은 아직 멈출 수 없다
가다가 쓰러져 버리면 넋이라도 가리라

동상同上

국제시장國際市場

간밤 오던 눈이 두어 자나 쌓였다
급행急行 열차列車가 연착延着 이십여二十餘 시간時間
그 좁은 곳간 속에서 모다 징역을 하였다

다시 와서 보니 부산釜山은 국제시장國際市場
눈 속은 거리거리 사뭇 수렁이다
그래도 어깨를 마구 비비치며 사람들이 온다

동상同上

창窓

우리 방으로는 창窓으로 눈을 삼었다
종이 한 장으로 우주宇宙를 가렸지만
영원永遠히 태양太陽과 함께 밝을 대로 밝는다

나의 추醜와 미美도 네가 가장 잘 알리라
나의 고苦와 樂악도 네가 가장 잘 알리라
그러나 나의 임종臨終도 네 앞에서 하려한다

동상同上

나오라

밝아 오는 이날 새로운 이 뫼와 이 들
도는 그 기운 가을도 봄이어라
시들은 나무도 풀이 도로 살아나누나

일즉 임을 여히고 이리저리 헤매이다
버리고 던진 목숨 이루 헬 수도 없다
웃음을 하기보다도 눈물 먼저 흐른다

다행히 아니 죽고 이날을 다시 본다
낡은 터를 닦고 새집을 이룩하자

손마다 연장을 들고 어서 바삐 나오라

『해방기념시집解放記念詩集』 p.43

낭이꽃

밤이면 그 밤마다 잠은 자야 하겠고
낮이면 세 때 밥은 먹어야 하겠고
그리고 또한 때로는 시詩도 읊고 싶구나

지난 봄 진달래가 올봄에 피는 진달래가
지난 여름 꾀꼬리와 올여름에 우는 꾀꼬리가
그 얼마 다를가마는 새롭다고 않는가?

태양太陽이 그대로라면 지구地球는 어떨 건가
수소탄水素彈 원자탄原子彈은 아무리 만든다드라도
낭이꽃 한 잎에겐들 그 목숨을 뉘 넣을까?

1955. 3. 『현대문학現代文學』

살릴 이

비가 열흘만 아니 와도
모다 하늘을 탓하고

비가 사흘을 이어 와도
또한 하늘을 탓하노니

진실로 천제天帝의 노릇도
요순堯舜보다 어렵다

흉년凶年도 두려워 말고
전쟁戰爭도 두려워 말고

송장이 여기저기
산山처럼 쌓였다 하자

그려도 우리 인간人間은
살릴 이는 사느니라

1955. 10.『현대문학現代文學』

청매靑梅

봉마다 방긋방긋 구슬보다 영롱玲瓏하다
낼모레면 다 필 듯 벗들도 오라 하였다
진실로 너로 하여서 떠날 길도 더디다

대체 복福이란건 길고 짜를 뿐이다

천天이니 수壽니 함도 이걸 일컬음인데
짜르고 긴 그 동안을 우리들은 산다 한다

오늘 아침에야 봉 하나이 벌어졌다
홀로 더불어 두어 잔을 마시고
좀 먹은 고서古書를 내어 상床머리에 펼쳤다

1957. 3.『새벽』

이영도李永道 편篇

이영도 아호雅號 정예丁芸

시조시인時調詩人. 단기檀紀 4249년생年生

본적本籍 경북慶北 청도淸道

현재現在 부산시釜山市 수정동水晶洞

현직現職 부산여자대학釜山女子大學 강사講師

저술著述 시조집時調集『청저靑苧』 1954. 1. 7. 간刊

특기特記 가정인家庭人으로서 시조창작時調創作에 정진精進
교원생활敎員生活 등等

봄 1

낙수 소리 듣다 미닫이를 열뜨리니
포근히 드는 볕이 후원에 가득하고
제가끔 몸을 차리고 새 움들이 돋는가

아이는 봄 따라 가고 고요가 겨운 뜰에
맺은 매화가지 만져도 보고 싶고
무언지 설레는 마음 떨고 일어 나선다

봄 2

이웃에 봄을 나눈 살구꽃 그늘 아래
도란도란 애기들은 소꼽질에 잠차졌고
상추씨 찾는 병아리 돌아올 줄 잊었다

단란團欒

아이는 글을 읽고
나는 수繡를 놓고

심지 돋우고
이마를 맞대이면

어둠도 고운 애정愛情에
삼가한 듯 둘렸다

비

그대 그리움이
고요히 젖는 이 밤

한결 외로움도
보배냥 오붓하고

실실이 푸는 그 사연
장지 밖에 듣는다

화관花冠

봄이 가네 훨훨 낙화를 흩으며 가네
꽃잎을 실에 엮어 나는 화관花冠을 지어 쓰네

날리는 꽃가루 속에 그냥 묻히어 섰네

오라 어서 그대 오라 그 푸른 의상衣裳 곁들이고
향연饗宴 주악奏樂보다 더 겨운 이 꽃자리에
황홀한 기약을 안고 화관花冠이 지켜 섰네

구름

정녕 윤회輪廻 있어 받아얄 몸이라면
아예 목숨을랑 허공虛空에다 앗아지고
한 오리 연기로 올라 구름이나 되려오

무수한 해와 달을 품안에 안아 보고
삼라만상森羅萬象을 발아래 굽어보고
유유히 산악山嶽을 넘는 구름이나 되려오

저녁놀 비껴 뜨면 꽃구름이 되었다가
때로는 한 하늘 먹장으로 덮어도 보고
아침 해 솟는 빛 앞에 몸을 맡겨 타려오

아득한 소망대로 이루어질 양이면
인간人間을 멀리 하여 무량無量한 하늘가로
탓 없이 떠서 오가는 구름이나 되려오

피난避難 길에서

어디로 쫓기는가 빗발치는 총알 속을
정情든 고향과 인연因緣 피멍처럼 애석愛惜하며
추풍秋風에 가랑잎 지듯 설레이는 겨레들

먼 낙조落照 속에 저무는 이 강산江山은
연해 터져 나는 포연砲煙에 진동하고
업드린 적은 마을들 붙일 곳이 없구나

시조집時調集『청저집靑苧集』초抄

아침

동東쪽 창窓을 열면 머언 앞 바다
오늘도 보람처럼 펼치는 푸름 위에
갈매기 안개를 티우며 또 하로가 열린다

1953. 9.『문예文藝』

신록新綠

트인 하늘 아래 무성끝 젊은 꿈들
휘 느린 가지마다 가지마다 숨 가쁘다

오월五月은 절로 겨워라 우쭐대는 이 강산江山

동전同前

추야秋夜

세상世上살이에 철가는 줄 잊었던가
달빛 서린 정지에 낙엽落葉이 부딛는다
이 해도 저물려 하네 등燈을 켜고 앉는다

동전同前

바위

나의 그리움은 오직 푸르고 깊은 것
귀 먹고 눈 먼 너는 있는 줄도 모르는가
물결은 뜯고 깎아도 한번 놓인 그대로!

1956. 3.『현대문학現代文學』

우후雨後

뜰을 질러 다녀도 생각은 잠잠하다
한줄기 내린 뒤엔 앞산山도 낯설은데

시원히 열리는 저 하늘 내다뵈는 내 가슴!

1956. 3.『현대문학現代文學』

바람

너는 가지에 앉아
짐승 같이 울부짖고

이 한밤 내 마음은
외딴 산山직인데

가실 수 없는 명일레
자리 잡은 그리움

1956. 1.『여원女苑』

석양夕陽

촉규蜀葵는 한결 붉게 물이 들라 피어 있고
산山에선 뻐꾸기 타이르듯 울어쌓고
먼 하늘 솟은 뫼 끝에 타오르는 노을빛

1956. 3.『현대문학現代文學』

낙목落木

가만히 도사린 채
그대 여희고서

비인 벌판에
한그루 미루나무

바람에 심사心事를 맡겨
다스리는 이 몸짓

1956. 1.『여원女苑』

이은상李殷相 편篇

이은상 아호雅號 노산鷺山

시조시인時調詩人. 사학가史學家. 단기檀紀 4236년생年生

본적本籍　경남慶南 마산馬山

현재現在　서울특별시特別市 안암동安岩洞 104의 43

출신出身　연전문과延專文科 수업修業

조도전대학早稻田大學 역사과歷史科 수업修業

현직現職　대구大邱 청구대학青丘大學 교수教授

저술著述　『노산시조집鷺山時調集』 1932. 4. 18. 간刊

『노산문선鷺山文選』, 『이충무공李忠武公 일대기一代記』,

『조선사화朝鮮史話』, 수필집隨筆集 『무상無常』, 『노방초路傍草』,

『노필필담爐邊筆談』, 『민족民族의 맥박脈搏』 등等

특기特記　조선朝鮮·동아일보東亞日報 기자記者, 시조창작時調創作과 역사·야사연구歷史野史研究, 문장가文章家

이충무공기념사업회李忠武公記念事業會 이사장理事長

자견自遣

1

진흙을 허파 뒤져
몇 해를 보냈는고

옥 비슷한 돌이야
수 없이 팠다마는

참 옥은 언제나 캐랴
하염없어 하노라

2

손톱은 언제 닳고
손가락이 무찔리네

끝날에 찾는다면
팔 끊기다 관계하랴

님께서 묻어둔 옥이니
파내고야 말리라.

1927. 1. 1. 동경에서

성불사成佛寺의 밤

성불사成佛寺 깊은 밤에 그윽한 풍경소리
주승主僧은 잠이 들고 객客이 홀로 듣는구나
저 손아 마자 잠들어 혼자 울게 하여라

댕그렁 울릴 제면 더 울릴가 맘 졸이고
끊인 젠 또 들리라 소리 나기 기다려져
새도록 풍경소리 더리고 잠 못 이뤄 하노라

진달래
-「봄날의 네 처녀」 기일其一-

수집어 수집어서 다 못 타는 연분홍이
부끄려 부끄려서 바위 틈에 숨어 피다
그나마 남이 볼세라 고대 지고 말더라

1932. 3. 6

개나리
-「피는 꽃 앞에서」 기사其四-

매화梅花꽃 졌다 하신 편지를 받자옵고

개나리 한창이란 대답을 보내었소
둘이 다 「봄」이란 말은 차마 쓰기 어려워서

1942. 4. 20.

봄 처녀

봄 처녀 제 오시네 새 풀옷을 입으셨네
하얀 구름 너울 쓰고 진주眞珠이슬 신으셨네
꽃다발 가슴에 안고 뉘를 찾아 오시는고

님 찾아 가는 길에 내 집 앞을 지나시나
이상도 하오시다 행여 내게 오심인가
미안코 어리석은 양 나가 물어 볼가나

1925. 4. 18. 고향故鄕 합포合浦에서

가고파
-내 마음 가 있는 그 벗에게-

내 고향 남쪽 바다 그 파란 물 눈에 보이네
꿈엔들 잊으리오 그 잔잔한 고향 바다
지금도 그 물새들 날으리 가고파라 가고파

어린 제 같이 놀든 그 동무들 그리워라
어대 간들 잊으리오 그 뛰놀든 고향 동무
오늘은 다 무얼 하는고 보고파라 보고파

그 물새 그 동무들 고향에 다 있는대
나는 왜 어이ㅎ다가 떠나 살게 되었는고
온갖 것 다 뿌리치고 돌아갈가 돌아가

가서 한데 얼려 옛날 같이 살고지라
내 마음 색동옷 입혀 웃고웃고 지나고저
그날 그 눈물 없든 때를 찾아가자 찾아가

물 나면 모래판에서 가재 거이랑 다름질 하고
물 들면 뱃장에 누어 별 헤다 잠들었지
세상일 모르든 날이 그리워라 그리워

여기 물어보고 저기가 알아보나
내 몫엔 즐거움은 아무대도 없는 것을
두고 온 내 보금자리에 가 안기자 가 안겨

처자處子들 어미 되고 동자童子들 아비된 사이
인생人生의 가는 길이 나뉘어 이렇구나
잃어진 내 기쁨의 길이 아까워라 아까워

일하여 시름 없고 단잠 들어 죄 없는 몸이
그 바다 물소리를 밤낮에 듣는구나
벗들아 너이는 복福된 자者다 부러워라 부러워

옛 동무 노 젓는 배에 얻어 올라 치를 잡고
한 바다 물을 따라 나명 들명 살거이나
맞잡고 그물 던지며 노래하자 노래해

거기 아침은 오고 거기 석양夕陽은 저도
찬 얼음 센 바람은 들지 못하는 그 나라로
돌아가 알몸으로 살거나 깨끗이도 깨끗이

1932. 1. 5. 한양漢陽 행화촌杏花村에서

태자궁지太子宮址

혹자 왈或者曰 "마의초식麻衣草食한 이가 무슨 정情에 궁宮을 세웠겠느냐. 이는 전설傳說이오 사실史實은 아니라."고 한다. 답 왈答曰 그는 잘못이다. 궁宮이 반드시 화려굉대華麗宏大를 뜻함이 아닐지니, 일간두옥一間斗屋도 태자太子가 거居하시매, 사람들이 말하되 궁宮이라 하였으리라.

마의麻衣 초식草食하되 님이시니 님인 것이
님이 계오시니 막이라도 궁宮인 것이

높으신 그 뜻을 받들어 섬기올가 하노라

풀이 절로 나고 나무가 절로 썩고
나고 썩고를 천 년千年이 넘었으니
유신遺臣의 뿌린 눈물이야 얼마인 줄 알리오

그 모른 외인外人들은 경景만 보고 지나가네
뜻 품은 후손後孫이라도 해만 지면 가는 것을
대대代代로 예 사는 새들만 지켜 앉아 우나니

오늘은 비 뿌리고 내일은 바람 불어
계오신 대궐은 더좇아 모를놋다
석양夕陽에 창태蒼苔를 헤치니 눈물 앞서 흐르네

궁宮터를 홀로 찾아 초석礎石을 부드안고
옛날을 울어내어 오늘을 조상吊喪일 제
뒷 시내 흐르는 여흘도 같이 울어 예더라

1930. 7. 21

만폭동萬瀑洞 팔담가八潭歌

흐르고 매치고 감돌고 굽이치고
솟고 질리고 고이고 넘쳐 나고

꺾이어 만萬 번도 더하니 만폭동萬瀑洞인가 하노라

상上「서序」

일곡一曲은 어드메오 꼬리치는 저 흑룡黑龍아
이 좋은 운산雲山에서 너만 혼자 놀단말가
물어도 대답이 없이 제 흥興겨워 하더라

상上「흑룡담黑龍潭」

이곡二曲은 어드메오 비파琵琶의 맑은 소리
선악仙樂을 듣고 서서 청흥淸興을 겨워할 제
천인千仞에 수만송백數萬松栢도 우줄우줄 하더라

상上「비파담琵琶潭」

삼곡三曲은 어드메오 벽하碧霞가 나는구나
담潭 아레 앉았으니 인간만사人間萬事 잊을노다
날 같은 번뇌객煩惱客들은 부대 왔다 가시소

상上「벽하담碧霞潭」

사곡四曲은 어드메오 분설噴雪하는 양이로다
무삼 일 눈을 뿜어 그칠 줄을 모르는다
한恨 많은 손의 가슴을 식혀주려 하노라

상上「분설담噴雪潭」

오곡五曲은 어드메오 진주眞珠를 굴리시네
백진주白眞珠 청진주靑眞珠 오색진주五色眞珠 예 있으니

세상에 깃동 부귀富貴야 흙에나마 비기리

상上「진주담眞珠潭」

육곡六曲은 어드메오 고개 든 돌 거북이
천만 년千萬年에 청계성淸溪聲 취醉토록 취醉하고서
그나마 흥興을 못 채워 또 취醉하려 하나니

상上「귀담龜潭」

칠곡七曲은 어드메오 물에 잠긴 돌배로다
이 경개景槪 버려두고 어디 가 뜬다 하리
내 뜻도 그런 줄 아오매 아니 뜰가 하노라

상上「선담船潭」

팔곡八曲은 어드메오 화룡火龍이 소리친다
동천洞天이 하 좋으니 창해滄海를 잊었구나
행인行人도 광흥狂興을 못 이겨 바위 치며 가더라

사上「화룡담火龍潭」

십이폭十二瀑

열두 물 한 줄기로 떨어지니 일장폭一長瀑을
일장폭一長瀑 열두 단段에 꺾였으니 십이폭十二瀑을
하나라 열둘이라 함이 다 옳은가 하노라

열둘로 보자 하니 소리가 하나이오
하나로 듣자 하니 경개景槪 아니 열둘인가
십이폭十二瀑 묻는 이 있으면 듣고 보라 하리라

1930. 7. 22.

금강金剛에 살으리랏다

금강金剛에 살으리랏다 금강金剛에 살으리랏다
운무雲霧 더리고 금강金剛에 살으리랏다
홍진紅塵에 썩은名利 명리야 아는 체나 하리오

이 몸이 싀어진 뒤에 혼魂이 정녕 있을진대
혼魂이나마 길이길이 금강金剛에 살으리랏다
생전生前에 더러인 마음 명경明鏡같이 하과저

1930. 7. 27.

금강귀로金剛歸路

금강金剛이 무엇이뇨 돌이요 물이로다
돌이요 물일러니 안개요 구름일러라
안개요 구름이어니 있고 없고 하더라

금강金剛이 어드메뇨 동해東海의 가이로다
갈 제는 거길러니 올 제는 흉중胸中에 있네
라라라 이대로 지켜 함께 늙자 하노라

1930. 7. 27.

양장시조兩章時調 시작편試作篇

소경이 되어지다

뵈오려 못 뵈는 님 눈 감으니 보이시네
감아야 보이신다면 소경 되어 지이다

1931. 10. 20.

산山 우에 올라

(안개 끼인 아침)

안개 쌓인 산山을 헤치고 올라선 제
새소리 들리건마는 새는 아니 보이오

안개 걷고 나니 울든 새 인 곳 없고
이슬만 잎사귀마다 방울방울 맺혔소

1931. 9. 2

이상以上 『노산시조집鷺山時調集』 초초抄

서울시첩詩帖

1. 못 건너는 강江

산山도 내 산山이요 강江도 내 강江인데
증표를 뵈 고서야 건는다니 웬 말이요
날더러 그 누구 앞에 무 슨증표 뵈란 말요

강江도 채 못 건너 설음부터 복받치네
한 마디 말 없는 물아 네 속인들 오죽하랴
차라리 마르려무나 못 건느는 강江이라면

찾아온 천리千里도곤 강江 한 폭이 더 멀구나
되돌아 갈가이나 제 설음 제 지니고
그대로 주저앉아서 땅을 치고 울고프이

2. 옛 벗은 반가운데

옛 벗은 반가운데 산천山川은 서러워라
산천山川이 서럽길래 옛 벗이 더 반가워
반가운 옛 벗 데리고 설은 산천山川 이야기

흰 머리 안 났더면 체면體面 없이 울련마는

흰 머리 났길래로 설음이 더 깊어서
말로는 못 다 푼 정情을 한숨으로 풀어라

4286. 4. 26.

3. 숭례문崇禮門

숭례문崇禮門 이마팍에 저것이 무엇이요
죄인罪人의 낙인烙印이요 귀인貴人의 옥玉권자요
부처님 보주寶珠시어든 오채영롱五彩玲瓏 하시구려

그도 아니시면 저것이 무엇이요
서울의 십자가十字架를 한등에 지시고서
가시관冠 썼던 자욱이 남은 줄만 아시구려

이상以上. 1953. 4. 27. 『조선일보朝鮮日報』

슬픈 역사歷史

사람 드문 넓은 길에 차車는 연방 달리는데
종로鍾路 네 거리를 거니는 느린 걸음
무너진 벽돌 무데기 나는 참아 못지날레

애상哀傷의 눈물방울 흘릴 줄 알지 마오
분노憤怒의 불덩이가 두 눈에서 떨어지오

밤중만 귀화鬼火 날거든 그리 짐작 하시구려

깨어진 지붕 위에 저 어인 개나리꽃
늘어져 잘도 피어 네 거리를 비웃는다
철없은 봄바람일레 다른 데 가 불려무나

주註. 화신옥상和信屋上에 개나리꽃이 한창이었다.

장안 호삿군들 드나들던 높은 집에
뼈만 선 담벼락 밑 거적자리 깔렸구려
주인主人이 바뀌졌길래 웃고 다시 바라보오

조약돌 기왓장이 서로 베고 누웠는데
지는 해 넘는 별이 남은 숨을 헐떡이네
한 시대 슬픈 역사歷史를 여기 와서 읽고가오

1953. 4. 29. 작作, 『조선일보』
- 수복修復 전前인 공도空都 서울을 노래한 것.

고지高地가 바로 저긴데

고난苦難의 운명運命을 지고
역사歷史의 능선稜線을 달려

이 밤도 허우적 거리며
가야만 하는 겨레가 있다

고지高地가 바로 저긴데
예서 말수는 없다

넘어지고 깨어지고라도
한 조각 심장心臟만 남거들랑

딩굴며 부둥켜안고
가야만 하는 겨레가 있다

새는 날
피 속에 웃는 모습
다시 한 번 보고싶다

1956. 5.『自由文學』창간호創刊號

녹원송鹿苑頌

녹야원鹿野苑 그려 본다 우리 님 그려 본다
어여쁜 그 모습이 눈앞에 떠오른다
월애광月愛光 두렷한 속에 웃고 계신 우리 님이

녹야원鹿野苑 찾아간다 우리 님 찾아간다
비민悲愍의 가슴 속에 포근히 안기련다
병들고 외로운 중생衆生 그 님밖에 더 없어서

어디를 그린다나 예가 바로 녹원鹿苑인데
님 찾아 가옵다니 님이 여기 계시는걸
되 보매 홍녹紅鹿 속인 채 님과 나와 앉았구려

1957. 3. 1. 『녹원鹿苑』창간호創刊號

동해송東海頌

썰물이 아침을 싣고
수평선水平線 밖으로 나가더니
밀물이 저녁을 안아다
이 언덕에 풀어 놓나
동해東海는 세월을 씹으며
번둥거리고 누웠다

온갖 어족魚族이랑
산호랑은 삼키고서
해와 달만은
언제나 뱉아버리고
동해東海는 여기 영원히
늙지 않고 누웠다

1955. 10. 27. 아침 포항浦項을 지나며

이응창李應昌 편篇

이응창 아호雅號 창주滄洲

교육가敎育家 단기檀紀 4239년생年生

본적本籍 경북慶北 대구大邱

주소住所 대구大邱 대신동大新洞 5의 2

출신出身 경성사범京城師範

현직現職 원화여자중고源花女子中高 교장校長

저술著述 여학생시조집女學生時調集 『물오리』 편술編述 1955. 4. 10. 간刊

특기特記 교육敎育에 종사從事하면서 시조애호가時調愛好家이며 운동가運動家임

절벽絶壁에서

입을 다물고 절벽絶壁 위에 섰습니다
눈을 딱 감고 숨을 삼킵니다
차라리 귀먹어리가 부러워서 이외다

꿈을 싣고

시詩를 못 하거니 술인들 잘 할랴고
술 아닌 꿈을 싣고 백마강白馬江 흘러가니
마음은 이 날도 젊어 꿈만 더욱 부프오

화원花園

허물어진 옛터에도 꽃은 피는구나
애들은 꽃에 파묻혀 해 가는 줄 모르고
우러러 보는 창가에 꽃이 한결 새롭다

광한루廣寒樓

사랑도 원한도 지나고 보면 꿈인 것을

시조時調를 읊조리는 낭랑朗朗한 목소리에
이 날이 저물어 가도 마음만은 푸군하오

4288. 6.

이태극李泰極 편篇

이태극 아호雅號 월하月河·동망東望

단기檀紀 4246년생年生

본적本籍 강원도江原道 춘천시春川市

현재現在 서울특별시特別市 동대문구東大門區 숭인동崇仁洞 56의 27

출신出身 춘고春高 졸업卒業. 조도전문과早稻田文科 수업修業
서울대학교大學校 문리과대학文理科大學 국어국문학과國語國文學科 졸업卒業

현직現職 이화여자대학교梨花女子大學校 부교수副敎授
서울대학교大學校 강사講師 고전문학古典文學

저술著述 『국민사상國民思想』과 『시조문학時調文學』 기타其他
국문학연구논문國文學硏究論文 발표發表 시조평론時調評論 등等

특기特記 교원생활敎員生活 이십여 년二十餘年 국어국문학회 대표代表
전국대학국어국문학교수단全國大學國語國文學敎授團 이사理事
세종대왕기념사업회世宗大王紀念事業會 이사장理事長 등等
『시조연구時調硏究』 지誌에 「시조부흥론時調復興論」을 썼고, 4288. 3. 17. 『조선일보朝鮮日報』에 「문화재건文化再建과 시조문학時調文學」이라는 논설論說을 낸 이후以後, 시조계평時調季評 등等을 『동아일보東亞日報』·『조선일보朝鮮日報』에 발표發表하여 시조재건운동時調再建運動에 이바지하고 있음

산山딸기

1

골짝 바위 서리에
빨가장이 여문 딸기

가마귀 먹게 두고
산山이 좋아 사는 것을

아이들 종종쳐 뛰며
숲을 헤쳐 덤비네

2

삼동三冬을 견뎌 넘고
삼춘三春을 숨어 살아

되약볕 이산山 허리
외롬 품고 자란 딸기

알알에 부픈 정열情熱이사
마냥 누려 지이다

- 수락산水落山 벽운동碧雲洞에서

1955. 9. 26. 『한국일보』

시조송時調頌

시조時調가 하도 좋아 나도 읽어 보던 것이
그 벌써 한 이십 년二十年 에제런 듯 흘렀구료
오늘 또 한수首 얻고서 어린인 양 들레라

이루 다 못 푸는 정情 그려도 보고파서
옛 가락 그 그릇에 삶의 소릴 얹어 보니
새로움 더욱 더 솟아 내 못 잊어 사노라

묶는 듯 율律의 자윤 내일來日 바라 벋어나고
부풀어 말의 자랑 갈수록 되살아나
이 노래 청자青磁를 감넘어 보람적게 크리라

1955. 9월호九月號 『새교육』

영신부迎新賦

올해는 복福 많으라 뜻대로 살아져라
남북南北에 나뉜 형매兄妹 얼싸 잡고 일어서라
향香 피워 손을 모두며 하늘 우러 고告하네

얼고 구긴 넋에 헐벗어 주린 무리
길가 새싹마냥 봄을 그려 사는 것을

이 해엔 자로 거두어 늘봄 누려 지어다

저어기 금金실 던지며 둥실 떠오른 태양太陽
사뿐히 눈 날리며 태고太古를 살온 바람
여기사 인간人間 의젓이 이햇 맞아 섰노라.

1956. 1. 12.『서울신문』

삼월三月은

1

진달래 망울 부퍼 발돋움 서성이고
쌓이던 눈은 스러 토끼도 잠든 산속
삼월三月은 어머님 품으로 다사로움 더 겨워

2

멀리 흰 산山 이마 문득 닥음 언젤런고
구렁에 물소리가 몸에 감겨 스며드는
삼월三月은 젖먹이로세 재롱만이 더 늘어.

1956. 4. 15.『서울신문』

머루

1

아름차게 이고 진 머루 손에 손을 넘어와서
기계가 날고 기는 장안長安 뒷집 툇마루에
산정기山精氣 맛보란 듯이도 광우리에 담겼네

2

머루랑 다래랑 먹고 청산青山에 살고진 계절季節
그래 까아만 동자 같은 알알을 손에 들고
내 여기 삶의 주름 헤며 무한정無限情을 그린다

1956. 10. 11. 밤,『이대학보梨大學報』

서해상西海上의 낙조落照
-탐라시조기행耽羅時調紀行 초抄-

어허 저거 물이 끓는다 구름이 마구 탄다
둥근 원구圓球가 검붉은 불덩이다
수평선水平線 한地點 지점 위로 머믄 듯이 접어든다

큰 바퀴 피로 물들며 반半 나마 잠기었다
먼 뒷섬들이 다시 환히 얼리드니
아차차 채운彩雲만 남고 정녕 없어졌구나

구름빛도 가라앉고 섬들도 그림진다
끓던 물도 검프르게 잔잔히 숨더니만
어디서 살진 반달이 함艦을 따라 웃는고?

1957. 8. 4. 밤, 해군함정 810으로
제주濟州를 찾아 서해상西海上을 달리다가

이항녕李恒寧 편篇

이항녕 아호雅號 소고小皐

법학자法學者. 단기檀紀 4248년생年生

본적本籍　충남忠南 아산牙山

현재現在　서울특별시特別市

출신出身　경성제국대학京城帝國大學 법학부法學部 졸업卒業
제2고보졸업第高普卒業

현직現職　고려대학교高麗大學校 교수敎授

저술著述　『법철학개론法哲學槪論』 간행刊行
『시조세시기時調歲時記』고대신보연재高大新報連載

특기特記　고등문관시험高等文官試驗에 합격合格 일제시日帝時
하동군수河東郡守 역임歷任
해방解放 후後 초등학교國民學校 교장校長 중학교장中學校長
동아대학교東亞大學校 교수敎授 등等 역임歷任
신문논설위원新聞論說委員 등等

왜이倭吏

네가 살면 내가 죽고 내가 살면 네가 죽어
나도 죽기 어렵거니 너도 죽기 쉽지 않으리
차라리 다 같이 죽어 진흙이나 되고파

해인십경海印十景 중中에서

제칠경第七景은 어디메뇨 영산면靈山面 영취산靈鷲山의
거룩한 상상봉上上峰에 흰 구름 오락가락
정풍情風이 구름을 헤쳐 나의 수심愁心까지도

선방禪房에서

등잔불 깜박이며 밤은 점점 깊어간다
송풍松風에 쌓이어서 풍경風磬소리 간들진대
꽉 닫힌 창명窓明을 뚫고 달빛 기어들도다

안빈낙도安貧樂道

저 건너 산山기슭에 비둘기 한 쌍 난다
삼간三間 초옥草屋에 숨어드는 봄 향기香氣여
아내여 나물을 캐오 나는 밭을 갈겠소

전화戰禍

1

영괴대靈槐臺 다달으니
깨진 기와 흩어 있고

대상臺上 대하臺下에
거적 두른 유랑객流浪客들

저 손아 수색愁色을 거두어라
인생본래人生本來 무일물無一物

2

오늘은 동東 내일來日은 서西
네 정처定處가 어디메냐

비바람 요란하고
밤은 이미 어두운데

홀로이 광야曠野에 서서
헤매이는 나그네

온양溫陽 온천溫泉에서

3

건곤乾坤은 불로不老인데
산형山形은 변變했구나

간과干戈는 미식未息이요
창생蒼生은 도탄塗炭일세

그리운 태평세월太平歲月아
어느 때나 오려나

상경上京하여

인생人生길

가시덤불 얽혀 있고 진흙 구렁 헤매어도
뭇사람이 침을 뱉고 조소嘲笑를 줄지라도
내 홀로 고요히 걸어 이 길만을 가리라

이상以上 『시조세시기時調歲時記』 초초抄

이호우爾豪愚 편篇

이호우 본명本名 이호우李鎬雨

시조시인時調詩人. 단기檀紀 4245년생年生

본적本籍 경북慶北 청도清道

현재現在 대구시大邱市

현직現職 대구매일신문사大邱每日新聞社 편집국장編輯局長

저술著述 『이호우시조집李豪愚時調集』 1955. 6. 20.간刊
『고금시조정해古今時調精解』등等

특기特記 『죽순竹筍』 동인同人으로 많은 시조작품時調作品을 발표發表
1930년대年代부터 『동아일보東亞日報』와 『문장文章』 등等의
당선작가當選作家로 풍부豊富한 서정시조抒情時調를 엮어
현대시조現代時調의 새로운 경지境地를 여는데 이바지하였음.

낙엽落葉

임 가신 저문 뜰에 아껴 듣는 푸른 꿈들
잎잎이 한을 얽어 이 밤 한결 차거우니
쫓기듯 떠난 이들의 엷은 옷이 두렵네

지며는 아주 지랴 썩어지다 없어지랴
대지大地에 받은 몸이 몸을 바쳐 갚얽다가
오는 봄 새 힘을 길러 다시 더욱 피리라

1939.『동아일보東亞日報』 추천작推薦作

달밤

낙동강洛東江 빈 나루에 달빛이 푸릅니다
무언지 그리운 밤 지향 없이 가고파서
흐르는 금빛 노을에 배를 맡겨 봅니다

낯익은 풍경風景이되 달 아래 고쳐 보니
돌아올 기약 없는 먼 길이나 떠나온 듯
뒤지는 들과 산山들이 돌아돌아 뵙니다

아득히 그림 속에 정화淨化된 초가집들
할머니 조웅전趙雄傳에 잠들던 그날 밤도

할버진 율律 지으시고 달이 밝았더니다

미움도 더러움도 아름다운 사랑으로
온 세상 쉬는 숨결 한 갈래로 맑습니다
차라리 외로울망정 이 밤 더디 새소서

바람벌

그 눈물 고인 눈으로 순아 보질 말라
미움도 사랑을 앞선 이 각박한 거리에서
꽃같이 살아 보자고 아아 살아 보자고

욕辱이 조상祖上에 이르러도 깨다를 줄 모르는 무리
차라리 남이었다면 피를 이은 겨레여
오히려 돌아앉지 않은 강산江山이 눈물겹다

벗아 너마저 미치고 외로 선 바람벌에
찢어진 꿈의 旗幅기폭인 양 날리는 옷자락
더불어 미쳐보지 못함이 내 도리야 설구나

단 하나인 목숨과 목숨 바쳤음도 남았음도
오직 조국祖國의 밝음을 기약함에 아니던가
일찌기 믿음 아래 가신 이는 복福되기도 했어라

한낮

매미소리 뚝 끈치고 사계화四季花 주룩 진다
천심天心엔 구름 하나 머므는 듯 지나가고
추녀 끝 비인 거미줄 걸릴 것도 없어라

바위 앞에서

차라리 절망絶望을 배워 바위 앞 섰습니다.
무수한 주름살 위에 비가 오고 바람이 붑니다
바위도 세월이 아픈가 또 하나 금이 갑니다

벽壁

바로 거기 꽃 같은 세월 네가 웃고 가는데
나를 막아선 유리벽琉璃壁 차라리 투명透明이 설구나
말없이 닫는 가슴에 자꾸 비는 내리고—.

나의 가슴

1

나의 가슴은 내 젊은 꿈들의 무덤
또 하나 슬픈 씨앗 유성流星처럼 저버리는 너
오월五月은 이렇게도 곱고 이렇게도 푸른데—

2

갈매기! 내 가슴은 너를 기다려 푸른 바다
부질없이 파문波紋만 짓고 날라가는 흰 나래여
차라리 눈부신 햇발이 어둠보다 설구나

3

해 한 번 떠 본 일 없어도 내 가슴은 나의 하늘
비록 부서져 버린 별들의 싸라길망정
어여삐 모이어 꾸민 하나 적은 성좌星座여

영일永日

채 맞아 쓰러진 파리 바시시 일어난다
미미한 벌레인들 목숨이 다르리오
홀연히 애처로운 정情 채를 던져 버렸다

남을 남으로 하여 나를 달리 하였도다
일만一萬 살음이 이 모두 내 아닌가
햇빛이 선뜻 창窓에 밝으며 낮닭소리 들린다

경야經夜

한 사발 정한 물을 소반에 받쳐 놓고
경經 외는 소리에 향연香煙도 떨고 있고
병풍屛風이 사이를 막아 유명幽明이 다르고나

사바娑婆를 떠나노라 수의壽衣는 하이얗고
갈풀처럼 누른 상복喪服 남은 설음 무거운데
못다 한 정情을 거둔 양 저 가사袈裟는 붉어라

기旗ㅅ발

기旗ㅅ발! 너는 힘이었다 일체一切를 밀고 앞장을 섰다
오직 승리勝利의 믿음에 항시 넌 높이만 날렸다
이날도 너 싸우는 자랑 앞에 지구地球는 떨고 있다

온 몸에 햇볕을 받고 기旗ㅅ발은 부르짖고 있다

보라 얼마나 눈부신 절대絶對의 표백表白인가
우러러 감은 눈에도 불꽃인 양 뜨거워라

어느 새벽이드뇨 밝혀든 횃불 위에
때 묻지 않은 목숨들이 비로소 받들은 기旗ㅅ발은
성상星霜도 범犯하지 못한 아아 다함없는 젊음이여

발자욱

봄은 너 하나 화려華麗하고 가을은 고아서 미웠다
펑펑 눈은 나리고 불빛 머나먼 이 밤
한 자욱 한 자욱 너가 고이며 나는 걷고만 있다

실제失題

모두들 가고만 있는데 너도 나도 가고만 있는데
무엇인가 무엇인가 자꾸만 오는 것 있다
하늘은 노상 저렇게 허벌레 웃고만 있고——

실비명失碑銘

여기 한 시인詩人이 비로소 잠들었도다
뼈에 저리도록 인정에 울었노니
누구도 이러니저러니 아예 말하지 말라

이상以上 1956. 9월호九月號 『현대문학現代文學』

이희승李熙昇 편篇

이희승 아호雅號 일석一石

국어학자國語學者. 단기檀紀 4229년생年生

본적本籍 경기京畿 개풍開豊

현재現在 서울특별시特別市 종로구鍾路區 동숭동東崇洞 25

출신出身 중앙학교中央學校 졸업卒業 경성제국대학京城帝國大學 조건어학과朝鮮語學科 급及 문학과文學科 졸업卒業
동경제대東京帝大 대학원大學院 수업修業

현직現職 서울대학교大學校 문리과대학장文理科大學長

저서著書 시집詩集 『박꽃』 1947.12.15. 간刊
수필집隨筆集 『벙어리 냉가슴』
『국어학개론國語學槪論』, 『조선문학연구초朝鮮文學研究抄』,
『역대국문학정화歷代國文學精華』 등等
기타其他 문법文法·작문교과서作文敎科書

특기特記 경성사범京城師範·이화여전梨花女專 교수敎授
서울대학교大學校 대학원大學院 부원장副院長 등等 역임歷任
국어학계國語學界의 원로元老
전국대학국어국문학교수단全國大學國語國文學敎授團 이사장理事長, 세종대왕기념사업회이사世宗大王紀念事業會理事, 한글학회이사, 조선어학회사건朝鮮語學會事件으로 복역服役 중中 해방解放
학술원회원學術院會員

춘원곡春怨曲

봄이라 봄이라하여 온 세상 들레는 제
아이 잃은 젊은 과수 그 봄 더욱 원수로다
찢는 듯 끊어지는 애 꽃바람에 녹나니

길 아래 버들가지 피릿감으로 다 꺾인다
소치는 저 아이야 불길랑은 불라마는
폐허廢墟에 원한怨恨겨운 손 울리지나 말거라

봄이라 봄이라기에 무슨 봄만 여겼더니
어젯날 꽃봉오리 오늘 아침 낙화落花로다
요다지 덧없을 양이면 아예 오들 말것이

1931. 4. 29.

초하初夏

요녀妖女의 웃음 같은 하욤없는 봄이 가니
거인巨人의 달음처럼 여름철이 닥치도다
생명生命의 기지갯소리 우적우적 나노나

불같은 더운 햇발 폭포수 퍼붓듯이
씩씩한 푸른 기운 무지개 뻗치듯이

천지大地에 차고 넘치는 것 모다 힘의 약동躍動뿐

꽃이 어이 미울소냐 덧없을 손 나비꿈이
달야 오작 맑으랴만 애처롭다 버렛소리
녹음綠陰 속 꾀꼬리 노래야 곱고 맑고 한지고.

1931. 6. 5.

추우여음秋雨餘吟

1. 한계寒溪

가을빛 이울거늘 시냇물 더욱 맑다
여울목 타고 넘는 소리조차 차갑고야
빗방울 무늬 싣고서 가는 양도 쓸쓸ㅎ다

2. 잔엽殘葉

청청靑靑한 그 무성茂盛은 어느 적 꿈이런가
서리에 시든 잎이 비 맞아 눈물 그렁
칼 같은 하늬바람엔 울도 못 해 떠누나

3. 허제비

가을 다 빼앗긴 후 서운한 맘 어떠하리
빈 벌에 홀로 서서 먼 하늘만 바라보네
비 젖은 옷 입은 채로 바람 매를 맞으며

1933. 11. 4.

돌

돌이라 돌이로다 보기 흉한 돌이로다
증 아니 맞었으니 쓸 데 없는 돌이로다
쓰이도 보이도 못 할 이 돌 무삼 생긴고

쓰임이 그 무엇이 기동 밑에 눌린 것이
보기에 고왔으라 부잣집 뜰 소용을
쓰이도 보이도 말고 제 맘대로 구르리

바람에 날리잖고 비에도 씻기잖고
추위 모르는 몸이 더윈들 대수이랴
쇠메로 맞을 때라도 불을 뿜고 깨지리

송년부送年賦

삼백三百에 예순 닷새 앞으로 까맣더니
보내고 돌아보니 꿈속에 꿈이로다
내 너를 몰아 쫓더냐 어이 그리 닫느냐

꽃 필 때 웃었노라 달 보고 울었노라
산천山川이 밝아벗어 내 더욱 느꼈노라
네 나를 울렸으므로 내 못 잊어 하노라

말린다 머믈소냐 가는 길 가라마는
지금에 널 보내면 만날 날이 그 언제냐
내 생生의 한 토막이나 내게 실어 주노라

1933. 12. 이상以上 『박꽃』 초抄

관동행關東行 초抄

3. 백담계곡百潭溪谷

백담百潭에 고인 물이 물마다 거울일레
거울 속에 비친 얼굴 봉봉峰峰이 홍장紅粧일레
그 속에 흩어진 그림자 태고太古찾는 나그네

유구悠久를 흘러흘러 돌과 바위 갈고 닦아
모양도 둥굴둥굴 빛조차 깨끗ㅎ고나
인심人心을 닦아온 지는 역사歷史아직 젊더냐

1956. 10. 24.『대학신문大學新聞』

다비茶毗

행幸인지 불행不幸인지 인생人生으로 점지되어
제 울며 온 세상世上을 남이 울어 보내 주네
웃음이 있었다 한들 꿈결이나 다르리

서방西方 연화대蓮花臺로 새내는 염불念佛소리
듣는지 못 듣는지 파리떼만 웅성대고
한 줄기 향연香煙이 꾀어 갈길 인도引導하는 듯

어저 불 아궁이 한 입에 삼킨 후에
덜커덕 잠기는 문門 이것이 영결永訣인가
굴뚝이 뿜는 연기煙氣만 쳐다보는 눈물여

1957. 7. 19.『사상계思想界』

오신혜吳信惠 편篇

오신혜

시인詩人. 교원敎員. 단기檀紀 4246년생年生

본적本籍 함북咸北 성진城津

현재現在 부산釜山 대청동大廳洞 관북교회關北敎會

출신出身 영생여고永生女高 졸업卒業

이화여전梨花女專 문과文科 중퇴中退

현직現職 부산釜山 청구고등학교青丘高等學校 교사敎師

저술著述 『문장법文章』지誌 등等에 시조작품時調作品 발표發表

시조집時調集『망양정望洋亭』

특기特記 『문장文章』지誌 추천推薦 시조작가時調作家

기독신자基督信者 신앙적 내용信仰的內容을 가진 시조작時調作에

정진精進 중中임

사장砂場

님 찾아 헤매인 것 자취 곧 날 양이면
천심千尋 절벽絶壁에도 평탄平坦한 길 났으련만
끝없는 모래 우이매 자취조차 없더라

인생人生

괴로움 날이 되고 슬픔이 씨가 되어
짜는 것 인생人生이니 사람마다 눈물일세
내 굳이 이 물을 씻고 웃으면서 살리라

딸기

뜨거운 볕에 몽실 익은 딸기
촉촉이 땀에 젖은 연軟한 살을 뵈는 것이
스스로 부끄러운 양 새빨갛게 뭉쳤네

봉선화鳳仙花

열녀烈女의 고운 넋이 봉선화鳳仙花 되었느뇨

소녀少女의 손톱눈에 속속들이 스며들어
피 고인 붉은 그 뜻을 거울삼아 보이네

할미꽃

애꽂이 흰 털 나고 허리는 굽어오나
붉은 피 뛰는 마음 어느 뉘가 알리이까.
설음에 눌리운 고개 숙인 채로 지누나

짜리

어릴 젠 피리인 양 흥興에 겨워 불던 짜리
지금은 잇발로 써 꽁꽁 눌러 울리면서
가슴에 맺힌 시름을 짜내보고 싶구나

진달래

진달래 꽃을 보니 옛 생각이 새로워라
꽃술론 국수 말고 꽃잎으로 김치 담가
동무와 난화 먹든 맛 꿀송인 양 달았네

철 드자 그 단맛을 절로 잃은 지금에는
괴로운 삶의 쓴맛 고칠 사이 바이 없네
애닯다 지난 그 봄철 그리워라 그리워

옛 피던 꽃가지에 해마다 피어나니
시들어 떨어진들 서러울 이 있으리까
방긋이 웃는 그 얼굴 피 끓는 듯 붉어라

1940.『동아일보東亞日報』 당선작當選作

수양버들

머리를 땅에 닿게 허리 굽힌 수양버들
겸손謙遜한 어느 분의 아름다운 넋이드뇨
저절로 남을 높이어 몸 굽히고 싶노라

사시四時로 머리 숙여 묵도默禱하는 수양버들
실수失手를 참회懺悔하는 어진 이의 넋이드뇨
저절로 온갖 잘못을 뉘우치게 되노라

저로서 저를 높여 잘난 체 뽐내는 이
어둠과 슬픔 주는 죄 많은 이들이여
한나절 수양垂楊 아래서 묵상默想하여 보시라

1939.『문장文章』 추천작推薦作

이슬

단비에 미역감은 수양버들 잎새마다
찬란한 오색五色으로 반짝이는 맑은 이슬
흔들면 그 천만千萬 방울 옥玉소리를 낼 듯하네

장미薔薇꽃 향기香氣롭게 뜰에 가득 피었는데
그 이쁜 꽃송이에 맺혀 있는 맑은 이슬
생명生命의 감로수甘露水인 양 흠뻑 마셔 보고파

덧없이 사라지는 이슬이라 하지 마소
풀잎과 온 뿌리에 줄기줄기 흘러들어
싱싱한 풀꽃 냄새를 무럭무럭 퍼치오

1940.『동아일보東亞日報』당선작當選作
이상以上『망양정望洋亭』초抄

주님을 찾아

님 찾아 가는 길에 가시도 많사오나
내 숱한 허물을 그 가시로 찔러 내며
생명의 문을 향하여 좁은 길을 가노라

어두운 비탈길에 빗바람은 무삼 일고

믿음의 작은 등불 깜박깜박 꺼지노라
두어라 몇 번이라도 다시 켜서 들리라

지지리 흙탕길에 때 묻은 이 옷자락
눈물로 적시고 그 보혈로 씻으면서
거룩한 빛이 빛나는 님을 찾아 가노라

『한국기독교문학선집韓國基督敎文學選集』 권일卷一

장순하張諄河 편篇

장순하 아호雅號 유와幼蛙

교원敎員. 단기檀紀 4261년생年生

본적本籍 전북全北 김제金提

주소住所 전북全北 이리시裡里市 호남동湖南洞

출신出身 전북대학교全北大學校

현직現職 이리裡里 남성고등학교南星高等學校 교사敎師

저술著述 무無

특기特記 시조동인지時調同人誌 『신조新調』 주간主幹, 동인지同人誌에 창작創作과 『현대시조소사現代時調小史』를 발표發表

4290. 10. 3. 개최예정開催豫定인 전국백일장시조부全國百日場時調部 예선豫選에 장원입선壯元入選

통일대한統一大韓

정적靜寂이 아람처럼 또옥똑 여므는 밤—
결코 복수複數일 수 없는 나의 눈발 한 가닥이
지긋이 과녁 안으로 죄어드는 초점焦點이다

산山이며 산맥山脈이며 깊어가던 고 손가락
이건 무어냐고 재쳐 묻다 잠이 들고
호젓이 벽壁을 바라고 몰아쉬는 숨결이여!

"금만경金萬頃 시절時節 좋고 무 배추 살 올랐네"
아무렴 그래야지 반가움 더 이르랴만
보리죽 한 끼일망정 머리 맞대 먹었으면

화랑花郞 젊은 손은 세 나라도 모았거니
만 이삼 천萬二三千이면 하늘인들 못 돌리랴?
두둥둥 북을 울려라. 메아리도 울어라!

이제 벽壁은 무너지고 하늘 다시 열리는 날
열두 줄 가야금伽倻琴의 청아淸雅한 목청이라
닐리리 새옷 바람에 덩실덩실 춤추리

1957. 개천절경축백일장開天節慶祝白日場 예선豫選 장원작壯元作

장응두張應斗 편篇

장응두 아호雅號 하보何步

시조인時調人. 단기檀紀 4247년생年生

본적本籍 경남慶南 통영統營

현재現在 부산시釜山市와 통영統營

현직現職 무無

저작著作 시조時調, 자유시自由詩, 수필隨筆 등等 발표發表

특기特記 직업職業의 변동變動으로 시작詩作에 정진精進 못함이 유감遺憾인 듯. 시상詩想과 표현表現이 독자적獨自的인 면面이 있음

회청산곡懷青山曲

청산青山에 살으리랏다 옛사람 일렀거니
내 한 번도 그 청산青山을 살아 못 보았건마는
마음속 깊은 청산青山을 나는 밟고 섰구나

벽壁

주먹을 쥐고 보면 만사가 다 됨 즉도 하고
벽으로 돌아누우면 슬픔만 어리운다
나날이 밀고 일어서는 나는 벽을 갖었다

오월五月

오월五月이 무르익네 이리로 나오너라
찔레꽃 마구 피고 꿩도 제도 절로 울고
하늘도 푸르른 들판에 긴 자락을 폘쳤다

오동꽃 이글이글 곬을 차고 넘는 향기
앞이 훤히 트인 담을 돌아 나서자면
손풍금 소릴 들으며 발도 절로 가볍다

서럽다 파랑새야 나는 저 하늘을 이고 간다
너는 이 하늘이 그립지가 않느냐
날라라 너 좁은 장을 열어 주마 나의 새야

산수山水를 그리라면 창공을 그리리라
노래를 부르자면 오월五月을 부르리라
시원한 바람이 오면 나의 귀도 열리라

1955.

한야보寒夜譜

쩌르릉 벌목伐木소리 끊어진 지 오래인데
굽은 가지 끝에 바람이 앉아 운다
구름장 벌어진 사이로 달이 반만 보이고

낯으로 뿌린 눈이 삼고 골로 내려 덮어
고목古木도 정정亭亭하야 뼈로 아림일러니
풍지에 바람이 새어 옷깃 자로 여민다

뒷산山 모롱이로 바람이 비도는다
흰 눈이 내려 덮어 밤도 여기 못 오거니
바람은 무엇을 찾아 저리 부르짖느냐

1940. 4.『문장文章』추천작품推薦作品

야국野菊

구슬픈 피리인 양 하마 눈물 터뜨려라
하소도 그만이면 보는 가슴 더욱 하다
가얄픈 바람결에도 갼드르르 떨어라

설음에 못 다한 정 호젓이 돌아 앉아
눈물도 숨겨두고 한이 절로 겨웁도록
갓스물 청상靑孀의 몸매 한결 애쳐로웁다

누구를 향하연데 새파란 칼날을 품고
이리도 매서워라 서릿발을 풍기느냐
다시는 입술을 깨물고 너와 앉지 않으리

1956. 3.『현대문학現代文學』

독야獨夜

사설시조

이런 밤이어드란 말벗이나 있었더라면 정한 말,
탁한 말, 우시개, 작난말로 뇌까려나 보련마는

오라는 잠 아니 오고,

대 숲에 비 덛는 소리,
엷은 바람 스치면 우두두 물방울 내려앉고
휘였던 가지는 다시 떨고 일어난다

어인 날 끝없이 지루만 한데
오늘 밤도 먼뎃 '포' 소리만
밤을 구르고 맹아리를 달고 지나가는고

1952.

장정심張貞心 편篇

장정심

시인詩人. 단기檀紀 4231년생年生

본적本籍　경기京畿

출신出身　협성신학교協成神學校

저술著述　시집詩集『주主의 승리勝利』,『금선琴線』

특기特記　여성女性다운 종교적宗敎的인 시작詩作에 정진精進타가 별세別世

연주대戀主臺

멀찍이 임의 집을 눈물져 바라볼 제
층암層岩이 충암忠岩되어 천만암千萬岩 되었어라
임 그려 연연戀戀튼 그 밤 내 못 잊어보았소

삼막사三幕寺

절밥은 맛있어도 절잠은 다르렸다
그대도 친한 벗과 단 둘이 누었을 제
창공에 높이 뜬 달도 벗님되어 비치오

진달래

솔 속에 붉은 꽃은 웃는듯 피어 있고
봉오리 담은 꽃은 웃음을 참는듯이
시선이 나고 아니와 자로자로 뵈어라.

할미꽃

길가에 할미꽃은 길손을 불러 세고

몸이란 늙어 뵈도 맘만은 젊었다고
새빨간 제 심장 뽑아 보라는 듯 하외다

산로山路

뫼마다 올라갈 제 한 걸음 두 걸음이
모디어 몇 만 봉을 올라와 돌아보니
꿈길을 지나온 듯이 아득아득 하외다

인생의 일생 행로 긴 실과 같으렷다
못 갈 듯하든 길을 모를 제 다 가듯이
못 살 듯하든 생명도 쉽싸리 사오리다

1935. 6.『조선문단朝鮮文壇』p.191

봄

봄빛이 돌아오니 하늘 땅 새로워라
눈 속에 봄이 오고 맘속에 봄이 오니
어댄들 봄 아니 오랴 무궁화도 피려오

꽃이 되면

내 몸이 꽃이 되면 무슨 꽃 되어 볼가
제 홀로 피어 있는 산중에 난초 되어
남이야 알건말건에 향기 많이 주리라

몸

이 몸이 다시 되면 무엇이 되어 볼가
사막의 샘이 되고 광야의 등이 되어
행인의 마실 물 밝은 등 되어 볼가 하였소

불심

부처님 육 년 고행 뭇 마음 닦고 닦아
속념을 다 버리고 한가히 염불하니
객심도 불심에 취해 돌아갈 길 잊었소

자취

온 자취 간 자취를 무얼 봐 안다 할고

물 우에 지워지고 눈 우에 녹았으니
인생의 살아진 자취란 한줌 흙만 남았소

정

기약코 이별한 벗 안 오네 일봄 와도
물이고 불이었단 다 식고 꺼졌건만
정이란 물불보다 더 없에기가 어렵소

눈물

눈물의 골자기란 인간을 지나갈 제
울고만 가지 말고 웃으며 지나갑세
미지의 저 나라에서는 눈물 없이 사오리니

바다

고요한 저 바다를 뜻 깊이 사랑하오
흰 모래 푸른 물결 동하는 화폭이요
잠겼다 삐었다 하니 인생의 고락 같소

땀

전신에 낙수처럼 등곬에 땀 흐르오
땀 흘려 한 일이니 떳떳도 하련마는
그대를 이별하게 되니 보람 없이 흘렸소

물망초

이 꽃을 던져주니 영원히 잊지마오
죽음을 두려 않고 사랑을 보내주니
이 꽃은 물망초라고 날 위해 불러주오

이상以上 시집詩集『금선琴線』시조편時調篇

정인보鄭寅普 편篇

정인보 아호雅號 위당爲堂·담원薝園

사학가史學家. 단기檀紀 4226년생年生

본적本籍 서울

현재現在 서울(가족家族)

출신出身 한학漢學

현직現職 없음

저술著述 『담원시조집薝園時調集』 1955. 2. 5. 간刊
『조선사연구朝鮮史研究』 상·하上下
『조선문학원류朝鮮文學源流』 등等

특기特記 사학史學 및 한학가漢學家로서 연희전문학교延禧專門學校 교수敎授로 근무勤務, 시조작가時調作家. 해방解放 후後 국학대학학장國學大學學長 및 감찰위원회 위원장監察委員會委員長을 역임歷任하다, 6·25 당시 납북拉北

자모사초慈母思抄
-40수首 중中-

4

차마 님의 낫[顔]을 흙으로 가리단 말
우굿이 엉겠으니 무정할손 추초秋草로다
밤 니어 꿈에 뵈오니 편안이나 하신가

5

반갑던 님의 글월 설음 될 줄 알었으리
줄줄이 흐르는 정 상기 아니 말렀도다
받들어 낫[顔]에 대이니 배이는 듯하여라

12

바릿밥 남 주시고 잡숫느니 찬 것이며
두둑키 다 입히고 겨울이라 엷은 옷을
솜치마 좋다시더니 보공 되고 말어라

37

이 강이 어느 강가 압록鴨綠이라 여짜오니
고국 산천이 새로이 설워라고
치마끈 드시려 하자 눈물 벌써 굴러라

38

개울가 버들개지 바람 따라 휘날른다
행여나 저러할라 돌이고도 굴지마라
이 말씀 지켰다 한들 누를 향해 사뢸고

39

이만 사실 님을 뜻조차도 못 받은가
한 번 상해드려 못내 산 채 억 만 년을
이제와 뉘우치란들 님이 다시 오시랴

40

설워라 설워라 해도 아들도 딴 몸이라
무덤 풀 욱은 오늘 이 살부터 있단 말가
빈 말로 설은 양함을 뉘나 믿지 마옵소

조춘早春

1

그럴사 그러한지 솔빛 벌써 더 푸르다
산골에 남은 눈이 다산듯이 보이고녀
토담집 고치는 소리 볕발 아래 들려라

2

나는 듯 숨은 소리 못 듣는다 없을손가
도드려 터지려고 곳곳마다 움즉이리
나비야 하마 알련만 날개 어이 더딘고

3

이른 봄 고운 자취 어디 아니 미치리까
내 생각 엉기울 젠 가던 구름 머므나니
든 붓대 무능타 말고 헤쳐본들 어떠리

고곡애古曲哀

1

저[笛] 피리[篳篥] 생황笙簧 소리 기리 늘여 높으랴니
이 저것 어우러져 종경鍾磬 함께 북[鼓]이 울어
되돌아 잦인 고비에 남긴 듯이 끄쳐라.

2

들고만 있는 젓대 잊은 듯한 북채로다
쟁箏 안고 더듬는 손 줄 항여나 울릴세라
이윽고 박拍소리나니 꿈 잃은 듯하여라

3

높낮이 늘그만이 곤소린가 결쉰 물가
어룡魚龍은 잠이 깊고 달은 퍼져 만경萬頃이라
일게란 무엇 없으니 뫼들조차 낮어라

배화여학교培花女學校 반화사班花詞

六. 난화사蘭花詞 삼첩三疊

1

비인 골 외로운 싹 옛 뿌리를 굳이 지켜
밟아도 맑은 향내 남 모른다 꽃 안 피랴
자랑에 살라는 무리 이 뜻 어이 알리오

2

동국東國에 없는 난초蘭草 비슷하다 기일소냐
북돋은 이 한꽃이 달른 채로 국향國香이라
속 헤쳐 난심蘭心 일진대 이 진란眞蘭가 하노라

3

꽃 좋다 기리는다 뿌리 더욱 귀하니라
싹조차 트도 않코 품은 유방幽芳 의연依然하다
삼동三冬에 내 없다 마소 몽쳐단단 하니라

금강산金剛山에서

一. 만폭동萬瀑洞

1

맑고도 넓은 개울 몇 폭포를 얼러 온고
들어선 아람들이 기우신 양 더 예롭다
골바람 지났건마는 숲은 아즉 울려라

2

숲새로 솟는 취와翠瓦 장안사長安寺가 저기로다
절 동구洞口 접어들어 장터 같다 허물마오
계산溪山엔 물 아니드니 잠간 속俗돼 어떠리

3

해 뉘웃 점그는대 우수하니 비 뿌린다
이십 리二十里 마하연摩訶衍을 어이 갈고 노배기로
명산名山의 김 서림이니 옷 젖인들 어떠리

二. 매월당석각梅月堂石刻

1

그제도 싫다셨건 이제 드면 어떠시리
반半내 산 사김 우에 다래덤불 걷지 마소

글씬들 창상잔겁滄桑殘劫을 보셔 무엇 하리오

2

오세五歲에 맺히신 한恨 그대로로 천추千秋로다.
무단無端히 느꺼우니 뵙는 듯도 한저이고
노릉魯陵은 한恨 없으셔라 울음 끼쳐 두시니

3

산山 올라 우셨다니 산山 보시면 설 더니까
물 당해 우셨다니 물 보시면 설 더니까
님 보신 산山과 물이야 그대 설다 하리까

문호암文湖巖 애사哀詞

1

산같이 믿던 님을 바람같이 여의다니
이 말이 어인 말고 생시 아냐 꿈이런가
인생을 거품이라자 꺼진 새는 언제니

2

엇그제 갔읍덴다 고하古下하고 갔읍덴다
잠 잠간 드셨다기 안 깨오고 왔읍덴다
그 잠이 존 잠 아닐 줄 생각이나 했겠소

이상以上 『담원시조집薝園時調集』 초抄

정현민鄭顯珉 편篇

정현민 아호雅號 소파韶坡

시조시인時調詩人. 단기檀紀 4252년생年生

본적本籍 전남全南 광주시光州市

현주現住 전남全南 여수시麗水市 공화동公和洞 1920

출신出身 송정공업松汀工業 및 조도전대학早稻田大學 문과文科 교외생校外生

현직現職 여수중학교사麗水中學教師

문총전남지부추천회원文總全南支部推薦會員

저술著述 시조집時調集 『산창일기山窓日記』 1957.12.

시집詩集 『마을』 간행刊行 준비중準備中

특기特記 월간月刊 『호남공론湖南公論』 편집부장編輯部長

단가회원短歌會員(노산주최鷺山主催)

동아일보신춘문예시조당선東亞日報新春文藝時調當選 1957년年

『별건곤別乾坤』 주최主催의 유행소곡流行小曲 입선入選 및

지방신문地方新聞 신춘문예新春文藝에 4회 당선當選

4290년年 개최開催의 개천절경축백일장시조부開天節慶祝白日場時調部에

장원입상壯元入賞

밤비

1

한밤내

흐느끼는

목메인 슬픔일레

가락이 저럴만치

발돋움 해 그리는 정情!

오늘도 지친 몸 끌고

어디메 쯤 오는가

2

창窓 밖에

낙수 소리 시름겨이 듣는 이 밤,

오는 양

발자취만

들리일 듯 멀어 가고,

어둠 속

호졸근 젖어

걷고 있을 사람여.

산창일기山窓日記

1

봄눈이 슬어진 골
물소리 마냥 높다.

볕 바른 미닫이를
산새 스쳐 날아가고

봉峯마다 머금은 봄뜻
멍울 지어 트인다.

2

반나절 송경誦經 소리
조름 절로 오는데,

부처님 미소微笑 띠신 채
대臺서 내려오시고——

어디서 산꿩 우는 소리
자즈러 진 메아리——.

3

웅기중기 솟은 멧부리

비치는 햇살!

느름나무 등걸마다
속잎 트는데,

보조개 지우며, 웃는
꽃과 같은 젊은 승僧.

4
청산青山처럼 살고지라!
비는 이 마음!

숲 길 거닐다 말고
한 모금 마신 샘물

사슴의 애띤 향기는
속俗된 얼에 스민다.

봄맞이

삼동三冬이 언제 간지 어느새 봄이라고,
눈 녹은 개울물이 춤추며 흘러가네

삼천 리三千里 고운 강산江山이 웃음 어서 띠라지.

설매사雪梅詞

1

어느 녘 못다 버린 그리움 있길래로……
강파른 등걸마다 손짓하며 짓는 웃음,
못 듣는 소리 속으로 마음 짐작 하느니라.

2

바위, 돌 틈사구니 뿌린 곧게 못 벋어도
매운 듯 붉은 마음 눈을 이고 피는 꽃잎,
향 맑은 내음새 풍김 그를 반겨 사느니라.

3

꽃샘바람 앞에 남 먼저 피는 자랑?
벌 나비 허튼 수작 꺼리는 높은 뜻을……

우러러 천년을 두고 따름직도 하더니라.

1957년『동아일보東亞日報』신춘문예新春文藝 당선작當選作

무실목

1

임 그려 가는 길을 천 리千里라 머다 하료
나루를 건너서면 숲새로 뚫린 길이
아카샤 꽃향기 속에 육로陸路로만 삼십 리三十里.

2

외인편 트인 바다 바른쪽은 푸른 호수湖水,
연두빛 신록新綠 속에 숨었단 또 보이고
꾀꼬리 그 속에 울어 날 가는 줄 모를레.

3

꿈나라 낯 선 섬길 반나절 걸었길래
풀어진 신들매를 다시 고쳐 매만지고,
넋 없이 가는 나그네 지칠 줄을 몰라라.

4

백우전白羽箭 빗발치듯 화포火砲는 불 뿜는다
군선軍船은 깨어지고 적병이 흩어지네
왜혼倭魂의 울부짖는 소리 여기 바로 무실목.

5

적선을 한데 몰아 이 목 받아 무찔러서

독안에 든 생쥐 떼 이를 일러 말함인가
충무공忠武公 거센 목소리 들리는 듯하여라.

6

둥근 돌로 이룬 뚝은 총알 섞인 무더긴가
기슭을 쏠는 파도 무심히 왔다 가도,
물가에 옷깃을 여미고 옛 임 불러 예노니.

주註. 「무실목」은 「무시항無矢項」의 와전訛傳으로 전라남도全羅南道 여수麗水 남방南方 삼십리 허三十里許의 「돌산도突山島」 중부中部에 있는 임진란壬辰亂때 이순신장군李舜臣將軍의 전첩고전장戰捷古戰場

이상以上 『산창일기山窓日記』 초抄

독임란사讀壬亂史 유감有感
-이대통령李大統領 출제出題-

1

청사靑史에 길이! 두고
빛내일 자랑일레.

도둑떼 물고 쫓고
앞바단 피빛인데,

북 울려
무찔러 가는 것!
눈에 선연 하구나.

2

책장 갈피마다,
숨 쉬는 임의 얼을

흐린 막들 가다듬고
정성껏 읽어 보라.

겨레의 흩갈린 넋을
바로 잡아 줄테니.

3

임은 가고 나라 일은
뒤숭숭 어지러운데

갈리인 형제자매
서로 그려 애 태는 속.

타까워……
그리는 정에,
길이 임만 부르니라.

1957. 10. 3. 개천절백일장開天節白日場 당선작當選作

정훈丁薰 편篇

정 훈 아호雅號 소정素汀

시인詩人. 단기檀紀 4244년생年生

본적本籍 충남忠南 대전시大田市

현주現住 대전시大田市 대흥동大興洞 50의 1

출신出身 휘문고보졸업徽文高普卒業

현직現職 호서중학교장湖西中學校長

저술著述 시조집時調集 『벽오동碧梧桐』

시집詩集 『머들령』, 『파적破笛』

특기特記 8.15 직후直後 대전大田서 『향토시가회鄕土詩歌會』를 만들어 동인지同人誌 『동백柊栢』 발간發刊 7집七輯

호서문학회대표위원湖西文學會代表委員

보리고개

오월五月 비 나리는 날
비들기 구구 운다

구국 계집 죽구
구국 자식 죽구

이런 날 보리고개는
더욱이도 설데나

모촌暮村

음매 송아지 울어 어미를 부르는데
외자梔子빛 고흔 석양夕陽 가마귀 솟구치고
동구洞口밖 돌아난 길로 행인行人들이 지나네

춘일春日

노랑 장다리 밭에 나비 호호 날고
초록 보리밭 골에 바람 흘러가고

자운영紫雲英 붉은 논뚝에 목메기는 우는고

모다 나오라

밤보다 어둔 이따 문듯 동이 트니
무궁화 가지가지 상서의 빛이 돋네
겨레여 모다 나오라 내 나라를 받드자

벽오동碧梧桐

벽오동碧梧桐 심은 뜻은 봉황鳳凰을 보자는 것
울님은 아니 오고 바람만 거세구나
죽실竹實도 거의 졌으니 올지 말지 하여라

방토放兎

집을 떠나는 날 옥玉토끼 열두 마리
가두어 죽이느니 차라리 내어 놓다
좋아라 모가로 뛰는양 참아 보지 못하네

철갈한 대문大門틈을 빼끔빼끔 내다보며
주인主人의 설을 길을 고것들이 바래 줬네
마구사 쏘치는 눈물은 바쁜 길을 흐렸네

수자리듯

내 무슨 죄罪가 있어
수자리듯 여게 온다

칠월七月 밤 오는 비는
개일 줄 모르는데

천정天井을 새어 나리는 비에
뜬눈으로 새우네

동학사東鶴寺 가는 길

우거진 솔숲으로
모랫길 굽이굽이

숲에 이는 물소린가

물소리 바람인가

새소리 물소리 같아
바람 또한 새소리

임종야臨終夜

여호 우는 밤은
요귀夭鬼도 흐느낀다

임종臨終을 기다리는
호롱불 푸른 저녁

동짓달 지루한 밤은
닭도 아니 우는고

이상以上 『벽오동碧梧桐』 초抄

조종현趙宗玄 편篇

조종현 아호雅號 용제龍濟·대순大順

시조시인時調詩人. 단기檀紀 4239년생年生

본적本籍 전남全南 고흥高興

주소住所 전남全南 광주光州 시내市內

출신出身 중앙불교전문강원中央佛教專門講院을 거쳐 일본구택대학日本駒澤大學 연구실研究室에서 동양문학연구東洋文學研究

현직現職 광주제일고등학교光州第一高等學校 교사教師

저술著述 한용운씨韓龍雲氏 주재主宰의 『불교佛教』에 대승기신론강의大乘起信論講義
『조종현시조집趙宗玄時調輯』 출판出版 준비準備

특기特記 1930년대年代에 『동아일보東亞日報』·『신동아新東亞』 등等에 작품발표作品發表 많음.
근래작近來作도 많고 시조재흥時調再興에 열광적熱狂的임

보신각종普信閣鐘

장안이 고요하다 늦은 봄이 밤 깊었네
지금이 새로 한 시 나그네의 꿈이로시
하마나 첫닭이 울리 귀 종구어 듣노라

옛날에 이맘때는 보신각普信閣 종鐘이 울어
만 호萬戶에 잠든 무리 깨우셨다 하련마는
내일來日을 가시련 이의 길은 뉘라 밝히리

이 종鐘이 울어울어 하늘 높이 크게 울어
삼천리三千里 울렸으면 이내 마음 시원하리
애닯다 입을 다물어 몇몇 해나 하신고

1932.『동광東光』 지誌

한강월야漢江月夜

배 띄워 발 잠그고
달빛을 바라보다

물새 노래에
세상 시름 잊잤더니

어디서 나뭇잎 하나이
인간 알려 주더라

물거품 일고 꺼짐
그 아니 무상한가

인생 한 세상도
저와 다름 없건마는

저마다 보람이 있어
고되는 줄 모르더라

애닯다 이 사공아
물만 어이 흐른다노

손 잡고 서로 웃고
웃고 보고 헤어질 제

인정도 저와 같아여
흐르는가 하노라

1931. 10. 14.『동아일보東亞日報』

강변江邊 삼장三章
-위당爲堂님 그리며-

모래알 같은 시름 여기에나 묻어볼가
뼈 속 저린 한恨을 여기에나 풀어볼가
흐르고 감도는 물이 행여 씻어 갈거나

아쉽고 그리움을 긔 어디 부치오리
물에 띄우잔들 흘러갈가 애닯구요
구름에 그리자 하니 흔적 몰라 서럽구나

이 몸이 끓고 끓어 불덩이 되었는지
이 마음 차거워서 얼음장이 되었는지
눈물도 노래도 없이 강江바람에 섰느니

1953. 가을

환향還鄕

접동새 저놈 보아 나 오는 줄 어이 알아
작년 요때는 누굴 보고 울었던고
삼 년을 묵어 돌아오는 걸음 가뜬가뜬 하구려

두견이 저놈처럼 나도 한번 울었으면

울다가 목 메이면 메인 채로 울었으면
목메어 흘리인 피를 되 마시며 울고져

1956년

조춘여정早春旅程

1. 장성長城갈재

동난動亂에 울었것다 장성長城 갈재 엉엉 울어
산신령山神靈 있다 하면 저도 넋을 잃었으리
오늘은 잠풍한 날씨 구름 동동 떴건만

2. 연화동蓮花洞다리

전란戰亂이 그렇게 무서운 건 아니드군
때때로 굶주림이 그 정말 무서웠지
연화동蓮花洞 이 다리 거리 오늘일사 봄인걸

3. 김제만경金堤萬頃

금만경金萬頃 넓은 벌이 눈이 짤라 안 보인다
이만한 기름진 들 그 누구가 지녔느냐
봄기운 넘실거린다 종달이와 춤추자

4. 효로삼장曉路三章

떠나는 나도곤 보내는 네가 되 서운한가
걸음걸음을 바라보고 서 있구나
그렇다 그렇구말구 정情이란 게 그런가 봐

봄꿩이 제가 운다 속 모르는 말 아예 마라
그리움 없다 하면 제가 어이 울겠느냐
봄풀이 푸르르니 더 그리워 우는 걸

영아 잘 자라라 꽃이 피면 다시 오마
꽃 속에서 새 노래를 너랑 같이 듣고 싶다
어여쁜 너의 얼굴을 꽃 빛에서 보고 싶다

전주全州 노송동老松洞에서

운수행각雲水行脚 중中에서

담양장潭陽場

껌 씹는
아가씨
참빛을 사는구나

핸드빽 들고 서서
바구니도 사는구나

아무리 비바람 쳐도
가시잖는 향기여

암소

암소 넙덕치가
봄볕에 윤이 난다

꽃다운 풀 향기에
코가 물씬하였는지

지긋이 두 눈을 감고
꼬리 치며 섰는 암소

1957. 5. 19. 『호남신문』

주요한朱耀翰 편篇

주요한 아호雅號 송아頌兒

시인詩人. 단기檀紀 4233년생年生

본적本籍 평남평양시平南平壤市

현재現在 서울특별시特別市

출신出身 명치학원중학원明治學院中學院 졸업卒業

상해호강대학上海滬江大學 졸업卒業

현직現職 잡지雜誌 새벽사社 사장社長

저서著書 『아름다운 새벽』

시조時調와 소곡집小曲集 『봉선화鳳仙花』 1930. 10. 15. 간刊

『삼인시가집三人詩歌集』 등等의 시집詩集

특기特記 신시운동新詩運動 및 개척공로자開拓功勞者

『동광東光』 주재主宰 등等

언론인言論人, 저술인著述人

현재現在 『새벽』 발간發刊

경향신문사논설위원京鄕新聞社論說委員

흥사단간부興士團幹部

북미北美의 천원天園에게

작별 없이 떠나온 지
다섯 봄을 지냈어라

소식조차 끊었으니
잊으신 줄 알았더니

물결에 부친 글 보고
눈물겨워 하노라

소식이 끊였다고
잊을 줄이 있을손가

봄바람 여름비에
님 생각 없을 것가

잊을 줄 남이야 알지만
내 못 잊어 하노라

1925. 12. 4.『동아일보東亞日報』·『봉선화鳳仙花』

유회삼수遺懷三首

모년모월모일某年某月某日 모처某處에 우연偶然히 회담會談하니. 석席에 있는 이 모두 4인四人이라. 시詩를 논論하고 예술藝術을 논論하고 시국時局을 논論하여 거이 야명夜明에 가까우니 여余와 같은 졸장부拙丈夫로서는 파천황破天荒의 일이다. 그때에 휴지休紙에 적어버린 것이 이 3수三首다.

산에는 새가 울고 들에는 꽃이 피다
봄이 부르노니 놀다 감이 어떠하리
갈 길이 하도 바빠서 쉴 새 없어 하노라

K우友에게

괴롭은 세상이라 슬잔을 들것인가
술잔 잡는 손에 칼이란들 못 잡으랴
세월이 네 어디 왔느냐 왔다 말만 하여라

C우友에게

때 좋고 벗 좋고 자리 좋고 흥겨우니
이 밤을 예서 샐가 헤질 마음 전혀 없네
역서에 없는 날치고 맘껏 놀고 가리라

S우友에게

1931. 12. 1. 『신동아新東亞』

봄비

1

봄비에 바람 치어 실 같이 휘날린다.
종일 두고 뿌리어도 그칠 줄 모르노네
묵은 밭 새 옷 입으리니 오실대로 오시라

2

목마른 가지가지 단물이 오르도록
마음껏 뿌리소서 스미어 들으소서
말랐던 뿌리에서도 새 싹 날가 합니다

3

산에도 나리나니 들에도 뿌리나니
산과 들에 오시는 비 내 집에는 안 오시랴
아이야 새알 갈아라 꽃 심을가 하노라

4

개구리 잠 깨어라 버들개지 너도 오라
나비도 꿀벌도 온갖 샘물 다 오너라
단 봄비 조선에 오나니 마중 하러 갈거나

『동광東光』 소재所載 「봉선화鳳仙花」

봉사

봄비에 순 잘랐던
뜰 뒤에 봉사 낡은

가지가지마다
붉은 꽃 피었세라

임 맘에 내 심은 나무도
꽃 피온가 하노라

『봉선화鳳仙花』

노래

부르고 또 불러서
당신께 부치어도

강산이 막혔으니
행여나 들으시리

봄바람 옷깃에 들거든
내 넋인 줄 여기소

『봉선화鳳仙花』

산보散步 일一

동녘에 뜬 구름은
주홍에 물들었고

강 우에 흐르는 돛
얼굴을 붉혔세라

바람이 물결을 치니
금빛 놀이 일더라

『봉선화鳳仙花』에서, 5수五首 중中

습작習作 육六

세상은 세상대로
나는 나대로

맘대로 사는 터에
무엇이 무섭겠소

피는 듯 지는 인생이니
무서울 게 무에요

『봉선화鳳仙花』에서 7수七首 중中

최남선崔南善 편篇

최남선 아호雅號 육당六堂

사학가史學家. 시조시인時調詩人. 단기檀紀 4223년생年生

본적本籍 서울

현재現在 서울특별시特別市 권농동勸農洞(가족家族)

출신出身 조도전대학早稻田大學 사학부史學部 수업修業

저서著書 『백팔번뇌百八煩惱』 시조집時調集 1926. 12. 1. 간刊

『시조류취時調類聚』 고시조집古時調集,

『고사통故事通』, 『아시조선兒時朝鮮』, 『조선상식문답朝鮮常識問答』 등等의

역사서歷史書 다유多有

특기特記 신시新詩의 개척자開拓者. 시조時調의 부흥자復興者.

국사國史의 권위자權威者.

『소년少年』, 『청춘青春』 주재主宰 등等

단기檀紀 4290년 10월 10일 별세別世 자택自宅

궁거워

其一

위하고 위한 구슬
싸고 다시 싸노메라

때 묻고 이 빠짐을
님은 아니 탓하셔도

바칠 제 성하옵도록
나는 애써 가왜라

其二

보며는 알련마는
하마 알 듯 더 몰라를

나로써 임을 헤니
헤올사록 어긋나를

믿으려 믿을 뿐이면
알기 구태 찾으랴

其三

차는 듯 비인 가슴
바다라도 담으리라

우리 님 크신 사랑
그지 어이 있으리만

솟는 채 대시옵소서
벅차아니 하리라

其四

모진가 하였더니
그대로 둥그도다

부핀 줄 여겼더니
또 그대로 길차도다

어떻다 말 못 할 것이
임이신가 하노라

其五

뒤집고 엎질러서
하나밖에 없건마는

온 즈몬 말 가져도
못 그리올 이내 마음

원이로 바치는밖에
더 할 바를 몰라라

其六

얼음같이 식히실 제
모닥불을 받드는 듯

흙처럼 떠치실 제
부레풀을 발리는 듯

두 손 다 내두르실 제
껴안긴 듯 하여라

其七

미우면 미운 데로
살에 들고 뼈에 박혀

아무커나 님의 속에
깃들여 지내과저

애적에 곱게 보심은

뜻도 아니 했소라

其八

풀숲에 걸으면서
이슬 맞음 싫다리까

사랑을 따르거니
몸을 본대 사리리만

낭 없는 이 님의 길은
애제 든든하여라

其九

안 보면 조부비고
보면 설미 어인일가

무섭도 않건마는
만나서는 못 대들고

떠나면 그리울 일만
앞서 걱정 하왜라

만월대滿月臺에서

其一
옛사람 일들 없어
예와 눈물 뿌렸단다

천지天地도 엎이거니
왕업王業이란 무엇이니

석양夕陽의 만월대滿月臺 터를
웃고 지나가노라

其二
사람 같은 그림 속에
그림 같은 사람 모여

공보담 빠른 눈짓
번개처럼 치고 맞든

향진香塵을 아니 찾으랴
구정毬庭밟고 가리라

其三

송악산松岳山 봄 수풀에
가진새가 노래하고

'병풍屛風에 그린 황계黃鷄'
날개 치며 울려건만

'연쌍비燕雙飛' 한 번 간 넋은
돌아 언제 오는가

한강漢江을 흘리저어

其一

사앗대 슬그머니 바로 질러 널 제마다
삼각산三角山 잠긴 그림 하마 꿰어 나올 것을
마초아 뱃머리 돌아 헛일 맨드시노나

其二

황금黃金 푼 일대장강一帶長江 석양夕陽 아래 누웠는데
풍류風流 오백 년五百年이 으스름한 모래텁을
긴 여울 군데군데서 울어 쉬지 아녀라

其三

깜짝여 불 뵈는 곳 게가 아니 노들인가
화룡火龍이 굼틀하며 뇌성雷聲조차 니옵거늘
혼魂마저 편안 못 하는 육신六臣생각 새뤄라

웃으래

웃느니 웃으래라 웃는 그를 내 웃을사
얽고 검으신 채 더할 나위 없으시니
님밖에 다시 누구를 곱게 볼 줄 있으랴

어느 마음

돌바닥 맑은샘아 돌우는듯 멈추어라.
진흙밭 구정물에 행여몸을 다칠세라.
차라리 막힐지언정 흐려흘러가리오.

깨진 벼루의 명銘

다 부서 지는 때에

혼자 성키 바랄 소냐

금이야 갔을망정
벼루는 벼루로다

무른 듯 단단한 속은
알 이 알가 하노라

이상以上 『백팔번뇌百八煩惱』에서

환도還都 소견所見

열집에 아홉집 문門 못에 박혀 잠겼세라
사람들 가슴에는 그보담도 많고 큰 못
모조리 박혔을 일을 뒤쳐 생각 하도다

1951. 2.

애애哀哀 신해공申海公 익희翼熙

사십 년四十年 그전 그대 오월만리吳越萬里 향向할 제도
오히려 심중사心中事를 주고받지 않았던가
이번 길 어이없어라 너무 허무 하도다

삼일三日의 한강원漢江原과 오월五月의 서울역두驛頭
삼십 만三十萬 대군중大群衆을 지휘 없이 출동出動시킴
이 어찌 인력人力이리요 천의天意 두렵도소라

아이는 퍼버리고 어른들은 무릎 안고
이 일을 어찌 하나 다시 누구 믿으랴고
저자의 사람 사람이 넋을 잃고 있도다

1956. 5. 19.『동아일보東亞日報』

개천절開天節

이 누리 어지럽고 사람 살 수 없을 제면
반드시 한 아드님 새 밝음을 가지시고
나려와 궂것의 힘을 꺾어 없이 하시니

단군의 한배님이 이번 하늘 여신 뒤로
일찌기 없을 북새 이 나라를 마셨도다
한고작 모진 캄캄이 이 겨레를 잡도다

또 한번 새 하늘이 우리 위에 열리시며
우리 앞 우리 속에 차례차례 열리소서
이밖에 우리 살기를 어디 찾아오리까

1957. 10. 3.『경향신문』

최성연崔聖淵 편篇

최성연 아호雅號 소안素眼

시조시인時調詩人. 단기檀紀 4247년생年生

본적本籍	경기京畿 인천仁川
현재現在	인천시仁川市 송학동松鶴洞
출신出身	제이고보第二高普
현직現職	『국제보도國際報道』 편집국장編輯局長
저서著書	소안시조집素眼時調集『은어銀魚』 1955. 12. 31. 간刊
특기特記	신문新聞·잡지雜誌 편집인編輯人으로서 시조창작時調創作에 정진精進 경인일보京仁日報·동방사진東邦寫眞 뉴우스사 편집국장編輯局長 역임歷任 동아일보사東亞日報社 35주년周年 기념문예紀念文藝 시조부時調部에 당선當選 1955년 6월

물

민심이 박하다 보니
물조차 고바르다.
어쩌다 세수랍시고
겨우 콧등 적시고서
그나마 흐뭇해 하는 마음마저 쓸쓸해

1951. 1. 16. 부산釜山에서

산딸기

야행군夜行軍 지친 대로
한숨 꾸겨 자다 보니

묵은 밭 이랑 타고
산딸기가 한창일세

전야戰野를 아예 잊고서
애들처럼 덤비다

1952. 7. 2 중부전선中部戰線철원鐵原에서

핏자욱

산山마루 돌벼랑이 허여니 바스러진
금성金城 남방전선南方戰線 이름 모를 골짜기에
쉬나몬 포탄砲彈 자욱이 흙내 상구 풍기다

실개천 넘어 서서 비탈길 접어 들자
검붉은 핏자욱이 움푹 고여 잦었는데
섬드륵 질린 위엄威嚴에 가슴 조여 갱기다

큰 눈을 부라리고 고함치는 관측사병觀測士兵
적탄敵彈이 나를 겨눠 마구 날러 오리란다
다급도 하렸다마는 차마 어이 뛰리요

진정 자나 깨나 얼마나 옴했기에
젊은 피 붉다 못해 검게 엉겨 소원대로
내 따에 깊이 스몄다가 두고두고 사오리까

1953. 6. 어느 OP에서
『동아일보東亞日報』 35주년 현상懸賞 당선작當選作

참새떼

꽁지를 들까불고

오르날며 재재기는

참새떼 너이들은
옥중獄中 나를 희롱戱弄커니

창공蒼空이 부럽기로서
어이 너를 따르랴

1946. 5. 평북전천平北前川에서

은어銀魚

청천강淸川江 맵시시리 헤며 도는 저 은어銀魚야
당년어當年魚 명命 짧다고 무슨 한恨이 있을소냐
향그런 너의 평생平生이 깨끗하고 맑어든

사람이 탐을 내고 잡을 계교計巧 하다 못 해
미끼로 네 벗 꿔어 속여 낚고 좋아란데
모른 체 등 내민 줄은 끝내 몰라 주노나

1945. 10. 희천熙川에서

살얼음

성큼한 까치다리 불야살야 넘다 말고
쫄똘돌 물소리에 동심童心 찾어 굽어보니
얼음 속 아롱지어라 방울방울 흘러라

살며시 어느 도령 빙판 보러 오셨거니
신 자욱 짜축짜축 흰 눈위에 새겨가며
한없이 개울을 따러 어디까지 갔을고

1948. 12. 안양安養 칙안에서

비상飛翔

지각地殼이 굳은 뒤로 얼마나 묵었길래
검버섯 뒤덮이고 매말러 꾀었으랴
오글아 쪼굴쪼굴이 잔주름만 잡혔어라

큰 강이 이따금씩 물을 안고 감겼는데
한없이 뻗어난 길 강을 끼고 희롱戱弄커니
으시시 헐벗은 산야山野 땅거미에 녹아들다

남어진 서해西海 노을 기슭 따라 들락이고
빤짝! 기익機翼 끝에 눈부신 건 호수湖水리라

구름 속 마구 뚫고서 엷게엷게 피우다.

1955. 11. 1. 우리 젊은 공군空軍의 손으로
조종操從되는 C-46 기상機上에서

원앙대鴛鴦臺

대암산大巖山 겹친 골을 갈피 찾아 드노라니
삼송杉松이 고추 배어 차일遮日친 양 침침한데
청계淸溪를 거슬러 올라 이리저리 휘돌다

녹수綠水가 문紋일 놓고 맴을 돌아 흐르다는
반석盤石을 위어 싸고 환環을 지워 잔잔潺潺한데
귀할사 한 쌍 원앙鴛鴦이 질겨 헤며 노닥이다

프드득 쭉지 차고 다급스리 내뺄 제는
무뢰無賴한 나를 보고 놀랐음이 분명分明커늘
서운도 서운이려니와 그보다도 민망코나

뚜렷이 들뜬 석대石臺 말갛게도 씻겼어라
아담雅淡코 향그런 양 예가 곧 선경仙境이리
손끝에 옥수玉水를 찍어 원앙대鴛鴦臺라 써두도다

1937 무명석대無名石臺를 지나며,
평북平北 경계江界 진평津坪

미련未練

이 내 무능無能함을 이제사 알랴마는
너댓달 앓다보니 호구糊口 우선 간 데 없어
굶주린 처자妻子 버려두고 죽어 어이 가리오

갈수록 식어드는 손발 가눌 힘 떨림에
조바심 허덕지덕 그도저도 다 젖히고
이생에 남긴 자취 없어 가슴 메어 뒤틀리다

1951. 12. 이상以上 『은어銀魚』 초抄

사생도死生圖
-남대문南大門 주변周邊에 흩어진 노래-

머리카락

화려한 삘딩 아래
나 어린 동사체凍死體 하나

치뻗힌 머리 카락카락
거적을 들시고

솔가워 외면外面 했다는

뒷골 파고 제려 들다

손

꽁꽁 얼어붙은
지하도地下道 층계層階 위에

바르르 얼싸안고
울어쌓는 철부지 남매

소리도 으스러진 채
반향反響 없이 떨려라

얼리다 헐한 대로
한푼 돈 던져 주고

쓰린 속 내려 훑고
도망쳐 왔건마는

도드라 갈러터진 손
종일終日 따라 감기다

1956. 현대문학現代文學

최승범崔勝範 편篇

최승범 아호雅號 고하古河

시조시인時調詩人. 단기檀紀 4264년생年生

본적本籍 전북全北

현재現在 전북全北 전주시全州市

출신出身 전북대학교全北大學校 대학원大學院 수료修了

국문학國文學 전공專攻

현직現職 전북대학교全北大學校 강사講師

저서著書 시조평론時調評論 등等 발표發表

특기特記 시조연구時調研究와 창작創作에 정진精進 중中

작품발표作品發表 활발活潑 박사과정博士課程 이수중履修中

추가삼제秋歌三題

석류石榴

훨훨 하늘을 날다 풍화風化되는 구름 보고
날지도 기지도 못한 석류石榴는 한恨이 있어
어쩌지 못한 시름에 가슴마저 빠갠다

으름

산山의 정기精氣 다붓이 깃들인 아낙의
머리 위 광주리를 타고 나온 으름 보고
어린 철 고향故鄕의 가을이 사뭇 들어 안긴다

다람쥐

칡넝쿨 마른 잎새 흠톳한 양지쪽에
도토리 상소리도 알밤도 굴려라
그 속에 다람쥐 제 홀로 가을철을 누린다

1955. 10. 24.『예술시보』

동절산가冬節山家

겹겹 산山에 싸인 골짝 들어 두세 가우
손벽만 한 앞뜰에 볕 들었나보다 하면
점심을 드지 않고도 뒤뜰에는 해가 진다

하루 나무를 하면 열흘도 놀고 때고
하얀 이밥도곤 잡곡雜穀밥에 살이 찐다
꿩·노루 돛으로 잡아 고기 맛도 더러 본다

콩기름 심지불을 돋구어 가며
가시보시 도란도란 방석을 엮는 밤
굶주린 여우가 울면 하얀 눈이 나렸다

『전북대학교보全北大學校報』 1956. 2. 5.

십오야十五夜

이랑 이랑마다엔
몽게몽게 쥐불이 타고

동구 앞 언덕에는
소리소리 "망월望月이야!"

들석인
이 마음으론
어느 다리[橋]를 밟을가?

은모래 같은 별들
달빛에 숨어버리고
푸른 은행알만 한
별은 헤일 수 있는 밤!

하늘은
선녀仙女의 옷깃
보드람이 감도는데…….

* 병신丙申. 정월正月 『자유신문自由新聞』

잔디밭에서

바둣이 틈내 가진 포란 잔디밭 한나절!
"시애비도 잡것 시애비도 잡것
너와나 제일이지 비비" 종달새가 높이 떴다

홀로서 딩굴어보는 포란 잔디밭 한나절!
칼•뿌쎄의 「산山넘어 또 산山넘어」를 곧잘 외던
가버린 소녀少女의 애띤 목소리도 딩군다

낮닭의 울음소리, 쟁기 모는 이랏 쩟쩟!
하냥 온 바람도 이내 스쳐가군 하는
잔디밭 홀로의 향연饗宴에 들석이는 이가슴!

1959. 5. 4『자유신문自由新聞』

최천崔天 편篇

최 천

정계인政界人. 단기檀紀 4233년생年生

본적本籍 경남慶南 통영읍統營邑

현주現住 서울 종로구鍾路區 내수동內需洞 184

출신出身 한학漢學

현직現職 민의원民議院 통영출신統營出身

저술著述 별무別無

특기特記 민족운동民族運動에 유공자有功者

기미己未때 투옥投獄, 만주滿洲 등지等地 망명亡命

『동아일보東亞日報』 통영지국장統營支局長

신간회新幹會 대의원代議員, 독촉지부장獨促支部長 역임歷任 후後

경찰관警察官으로 인천서장仁川署長·경남경찰국장慶南警察局長 역임歷任

4287. 5. 민의원당선民議院當選 현재現在

백설白雪

이 땅에 선물인가 나무나무 백화白花 열고
눈행기 천화세계天花世界 성聖스러운 모습인데
백설白雪이 천심天心이든가 인간人間 마음 다 희네

희고 흰 새 세상世上을 시비是非 없이 창조創造하니
백설白雪이 화신和神인가 만상萬像 모다 쉬어가고
거대巨大한 대지大地의 심장心臟 평화平和 속에 숨쉬네

잡신雜神도 사라지고 만뢰萬籟 그친 눈 오는 밤
냉정冷情은 설풍雪風 끝에 칼날처럼 예리하여
내 고독孤獨 눈달을 타고 건곤만리乾坤萬里 가노라

1956. 3. 8.『한국일보』

다도해多島海

섬 세계世界 다도해多島海로 배를 저어 찾아드니
바다에 점點친 뫼는 여기저기 섬이로다
물나라 섬 둥실 떠서 속삭이는 풍취風趣네

배 가니 나도 간다 섬 세계世界로 숨어 간다
망망茫茫한 하늘가에 푸른 물결 가득하여

백운白雲이 스사로 이는 임자 없는 바다네

1956. 9. 16.『한국일보』

최현배崔鉉培 편篇

최현배 아호雅號 외솔

국어학자國語學者. 단기檀紀 4227년생年生

본적本籍 경남慶南 울산蔚山 하상면河上面

현재現在 서울시市 마포구麻浦區 노고산동老姑山洞

출신出身 동래고보東來高普 졸업卒業
광도고사연구부廣島高師硏究部 수업修業
경도제대京都帝大 문학부文學部 철학과哲學科 졸업卒業 및
동대학원同大學院修業

현직現職 연세대학교延世大學校 부총장副總長

저술著述 『한글갈』, 『우리말본』, 『중등말본』, 『고등말본』 등等 다유多有

특기特記 연전延專·이전梨專 교수敎授, 문교부文敎部 편집국장編輯局長 역임歷任
한글학회 이사장
4275년 10월 '조선어학회 사건'으로 홍원洪原 경찰에 피검被檢 2년二年
복역服役 중中 해방解放
4288 명예박사名譽博士(문학文學)
세종대왕기념사업회世宗大王紀念事業會 부회장副會長
전국대학국어국문학교수단全國大學國語國文學敎授團 이사理事 등等

옥중獄中에서 읊음
-10여 수首 중中-

함흥형무소咸興刑務所

반용산盤龍山 좋다 하여 유산차遊山次로 예 왔느냐?
성천강成川江 맑다 하여 뱃놀이로 예 왔느냐?
아니라 광풍狂風이 하 세니 지향 없이 왔노라

벽돌담 에둘러서 열 길이나 높아 있고
겹겹이 닫힌 門문에 낮밤으로 지켜 있다
지상地上이 지척咫尺 곧 천 리千里라 저승인가 하노라

사철

쓸쓸한 철창鐵窓 밖에 새소리 요란ㅎ기로
고단 몸 일으키어 목빼어 내다보니
민들레 고이 피었다 봄 왔는가 하노라.

흰 물은 출렁출렁 들 논에 들어하고
생생한 새 잎사귀 가지마다 푸르렀다
장할손 생명의 힘이 온 천지에 찼도다.

저녁 밥 먹고 나서 구렁따라 누웠으니
잠은 오지않고 버레 소리 요란하다
가만히 눈을 떠보니 밝은 달이 비친다

어두운 새벽 일어 창밖을 바라보니
새도록 오는 눈이 천지에 가득찼다
물통에 얼음을 깨어 수건 싸서 낯씻다

면회

잡혀 온지 한 해 넘어 처음으로 면회란다
온갖 상상想像 그리면서 끌리어 나가 보니
아내의 날 보고 하는 말 자식 혼사 어쩌나?

귀여운 막내아들 그립고 그립더니
집 떠난 네 햇만에 면회面會하러 찾아 왔다
그 몸이 튼튼 자랐으니 무엇보다 기쁘다

임 생각

바람 불던 그 어느 날 우리 임 가고 나니

산천山川은 의구依舊하나 쓸쓸하기 그지없다
동천東天에 높이 뜬 달도 임 찾는가 하노라

임이여 어디 갔노 어디메로 갔단말고?
풀 나무 봄이 오면 해마다 푸르건만
어찌다 우리의 임은 돌아 올 줄 모르나?

임이여 못 살겠소 임 그리워 못 살겠소.
임 떠난 그날부터 겪는 이 설음이라
임이여 어서 오소서 기다리다 애타오

봄맞이 반긴 뜻은 임 올가 함이더니
임을랑 오지 않고 봄이 그만 저물어서
꽃 지고 나비 날아가니 더욱 설어 하노라

강물 아름아름 끝 간 데를 모르겠고
버들가지 추렁추렁 물속까지 느리웠다
이내 한恨 길고 또 길어 그칠 줄이 없어라

공부

학해學海가 깊고 넓어 피안彼岸이 아득하다
목적지目的地 바라보고 일심一心으로 가잖으면

한벌에 헤맬 뿐이니 닿을 줄이 있으랴

해방

백두산白頭山 높은 봉峰에 서운瑞雲이 에두르고

삼천리三千里 골골마다 생명生命봄 돌아 왔네

삼천만三千萬 합심合心 협력協力하여 무궁無窮 나라 터 닦세

1946. 12. 12. 『한글』 12권卷 2호號

탁상수卓相銖 편篇

탁상수 아호雅號 늘샘

시인詩人. 단기檀紀 4233년생年生

본적本籍 경남慶南 통영시統營市(충무시忠武市)

출신出身 중학中學 중퇴中退

현직現職 무無

저술著述 창작시조創作時調 다수발표多數發表

특기特記 4256년 순시조지純時調誌 『참새』를 이진산李眞山·김철산金鐵山·양천梁泉·고황산高皇山 등等과 발간發刊. 4274년 객선전복客船顚覆으로 진해만鎭海灣에서 조난遭難. 1927년 이후以後 『동아일보東亞日報』 등等에 시조발표時調發表 많았음

칠석七夕

은하수銀河水 오늘밤에
오작교烏鵲橋 빗겨 놓고

견우牽牛 직녀織女분이
한곳에서 만난단 말

인간人間의 은하수오작교銀河水烏鵲橋를
몹시 그려 하노라

1927. 8. 10.『동아일보東亞日報』

서회書懷

애쓰고
힘을 다해
몇 해 두고 쌓아온 글

이제 와 돌라보니
이룬 것이 하나 없네.

일마다 이럴 양이면
무엇 한다 하리오

1928. 2. 16.『동아일보東亞日報』

봄

메마다 눈이 녹고 들엔 벌서 새 풀 나고
석벽石壁에 자든 폭포 다시 숨을 돌리나니
우리의 바라는 시절도 머지 않아 오려나

봄비에 젖은 산山들 푸름 날로 깨어 오고
안개에 흐린 바다 아침놀에 밝아 오네
이제야 우리의 시름도 쓸릴 듯도 하구나

추야장秋夜長

가을비 지난 뒤라 내 마음도 따라가네
마음만 개일 뿐가 밤이 또한 아니 긴가
밤 길고 마음 개이니 홀로 어이 새우리

홀몸도 외롭거늘 밤은 어이 이리 긴가
마음에 그리는 벗 행여나 만난다면
이 밤을 긴 줄 모르고 새울 것만 같아라

이 밤이 이리 길어 그 벗이 그립은가
그 벗이 그립어서 이 밤이 이리 긴가

밤 길고 벗 그립으니 새울 길을 몰라라

서로 그리는 줄 그도 나도 다 아나니
내 이리 그 생각에 이 밤 홀로 새우듯이
응당이 그도 이 밤을 날로 하여 못 자리

계유癸酉 9. 10. 어백사장於白史莊 1933. 『동아東亞』

인생人生

남들도 다 같는가 내 맘 홀로 이러한가
허위고 넘을수록 어렵고도 가쁠 뿐을
가쁜 길 알면서 가는 내 일생一生이 설어라

인생人生이 길다 함도 있음직한 그들 말이
꿈처럼 짧다 함도 그 또한 옳은 말이
진실로 길고 짧기는 제게 있나 보옵네

운동회運動會

방초芳草는 푸릇푸릇 보리모개 금金빛인데
한들 넓은 터에 나란하게 늘어서니
손 고른 모든 맵시들 기세氣勢 늠름 하여라

쇠 같은 팔과 다리 범과 같이 날쌘 솜씨
자웅을 다툴 제야 서슬이 푸르더니
한 곳에 마주 앉으니 웃음 절로 터지네

앞서니 뒤서거니 번개같이 내달을 제
사면四面에 모인 손님 손벽 소리 우레같다
이읏고 우승기優勝旗 들고나니 흥이 절로 괴이네

1928. 6. 12『동아일보東亞日報』

피천득皮千得 편篇

피천득 호號 금아琴兒

영문학자英文學者. 단기檀紀 4243년생年生

본적本籍 서울

주소住所 서울특별시特別市 동대문구東大門區 회기동回基洞 105의 5

출신出身 상해上海 호강대학滬江大學 영문과英文科

현직現職 서울대학교사범대학大學校師範大學 교수教授

저술著述 『서정시집抒情詩集』

특기特記 미美 하바드대학大學에서 영문학英文學을 연구研究 일 년간一年間 1930년대에 시조時調의 창작創作과 이론발표理論發表가 『동아일보東亞日報』에 있었음

무제無題

이불 걷어차고 만또 띄어 걸뜨리고
깊은 숲 어둠 거쳐 인적 끄친 다리 지나
맞일 손 있는 듯이나 숨 가쁘게 나갔소

막차에 내린 이는 애기 업은 늙은 마님
가지고 내린 것은 쪽박 달린 봇짐 하나
차 가고 정거장에는 장명등이 꺼지오

오실 리 없는 것을 기다리는 이 마음을
찬별을 바라보며 산길 돌아 집에 오니
이 밤도 손님 온다고 검둥이는 짖으오

1933. 12. 『신동아新東亞』

사랑

길가에 수양버들 오늘따라 더 푸르고
강물에 넘친 햇빛 물결 따라 반짝이네
님 뵈러 가옵는 길에 봄빛 더욱 짙어라

눈섭에 맺힌 이슬 무슨 꿈이 슬프신고
흩어진 머리칼은 흰 낯우에 오리오리

방긋이 열린 입술에 숨소리만 듣노라

높은 것 산이 아니 멀은 것도 바다 아니
바다는 건늘 것이 산이라면 넘을 것이
못 넘고 못 건너가올 길이 오니 어이리

모시고 못 산다면 이웃해서 사오리다
이웃서도 못 산다면 떠나 멀리 가오리다
두만강 강가이라도 이 편가에 사옵고저

보는 것 만이라도 기쁨이라 하셨나니
지금도 이 땅 우에 같이 살아 있는 것을
어떻다 그 기쁨만도 드려서는 안 되는고

예서 마주앉아 꽃다발을 엮었거니
흩어진 가랑잎을 즈려 밟는 황혼이여
여울에 그림자 하나 흘러흘러 갑니다

그리워 애달파도 부디 오지 마옵소서
만나서 아픈 가슴 상사보다 더하오니
나 혼자 기다리면서 남은 일생 보내리다

번지고 얼룩지고 마디마디 아픈 글을
입술 깨물고서 말 만들어 보노라니

구태여 흐르는 눈물 편지 다시 적셨오

하루를 보내노면 와서 있는 또 하루를
꽃지고 잎이 져도 찾아오는 또 하루를
닥쳐올 하루하루를 어찌하면 좋으리오

설음은 세월 따라 하루 이틀 가오리다
아름다운 기억만이 가슴속에 남으리다
옛 얼굴 떠오르거든 고이 웃어 주소서

훗날 잊어지면 생각하려 아니 하리
이따금 생각나면 잊으려도 아니 하리
어데서 다시 만나면 잘 사는가 하리라

문갑에 놓인 사진 고요히 빛을 잃고
어스름 어슴푸레 이 하루도 저물을 제
나뭇잎 지는 소리를 아픈 가슴 듣노라

때마다 안타가워 불러보는 그 이름은
파란 하늘 푸른 물결 두 사이를 지나가서
애달픈 목소리라도 다시 들려 주어라

추억에 지친 혼이 노곤히 잠드올 제
멀리서 가만가만 들려오는 발자욱은

꿈결을 숨어서 오는 님의 걸음 이었소

꿈같이 잊었과저 구름같이 잊었과저
잊으려 잊으려도 잊는 슬픔 더욱 커서
지난 일 하나하나를 눈물 적셔 봅니다

날 흐린 바다 우에 갈매기들 우는 고야
흩어진 머리칼에 빗질 아니 하시리니
비나니 님의 나라에 날씨 명랑 합소서

목청이 갈라지라 옳은 가슴 미어질듯
제 사랑 제 못이겨 우는 줄도 아옵건만
아쉬운 마음이라서 행여행여 합니다

오실 리 없는 것을 기다리는 이 마음을
막차에 나리실 듯 설레는 이 가슴을
차가고 정거장에는 장명등이 꺼지오

시집詩集『서정시집抒情詩集』초抄

한용운韓龍雲 편篇

한용운 아호雅號 만해萬海

시인詩人. 단기檀紀 4212년생年生

본적本籍 충남忠南 홍성洪城

출신出身 별무別無. 승려僧侶 한학漢學

저서著書 시집詩集 『님의 침묵沈默』, 소설小說 『흑풍黑風』, 『불교유신론佛敎維新論』, 『불교대전佛敎大典』 등等의 저서著書 다유多有

특기特記 기미독립己未獨立 33인人 중中의 1인, 불교계佛敎界의 대표자代表者 4277년年 별세別世

견민遣悶

비낀 볕 소등 우에 피리 부는 저 아이야
너의 소 일 없거든 나의 근심 실어 주렴
싣기야 어렵지 않지마는 부릴 곳이 없노라

『조선문학독본朝鮮文學讀本』 p.36

새봄

새봄이 오단 말가 매화梅花야 물어 보자
눈바람에 막힌 길을 제어이 오단 말가
매화梅花는 말이 없고 봉오리만 맺더라

우又

이른 봄 작은 언덕 쌓인 눈을 저퍼 마소
제 아무리 차다기로 돋는 엄을 어이 하리
봄옷을 새로 지어 가신 님께 보내고저

차叉

봄 동산 눈이 녹아 꽃 뿌리를 적시도다
찬바람에 못 견디던 어여쁜 꽃 뿌리야
간 겨울 내리던 눈이 봄의 사도使徒이니라

환가還家

갔다가 다시 온들 첨맘이야 변하리까
가져올 것 다 못 가져와 다시 올 수 없지마는
님께서 주시는 사랑 하 기루어 다시 와요

조세嘲世

가마귀 검다 말고 해오라기 희다 마라
검은들 모자라며 희다고 남을 소냐
일없는 사람들은 옳다 곯다 하더라

허연許演 편篇

허 연

시인詩人. 단기檀紀 4256년생年生

본적本籍 전남도全南道 나주羅州

현주現住 전남全南 광주시光州市 학동鶴洞 901

출신出身 광주사범학교光州師範學校

현직現職 도서출판圖書出版 『향문사香文社』 경영經營

저술著述 허연시조집許演時調集 『불망비不忘碑』 출간出刊 1956. 3. 1. 간刊
시집詩集 『향나무』, 동시집童詩集 『새싹』

특기特記 수 년간數年間 교원생활敎員生活과 『전남일보全南日報』 기자記者 역임歷任
전남일보사 논설위원全南日報社 論說委員 및 주간週刊
호남사湖南社 주간主幹

장군도將軍島

<1>

충무공忠武公 긴 파람을
비碑돌에만 새겼으랴

이 섬에 서서 보니
물결만이
처저절석——

오늘의
한恨이 더 큰 듯
황혼黃昏 속에 타더라

<2>

저 건너
장군도將軍島에
단풍丹楓 들어 보이구나

낙엽落葉이 날아 와서
외론 길에 진다며는

임들의
핏자국인 양

잎사귀나 주울가

<3>

장군성將軍城 비갈 앞에
맑은 술을 부어 놓고

오늘은 예과 같이
이리 생각
해 보리라

왜적의 먹은 마음이
새삼
미워지도록——.

<4>

이 섬을 빙빙 도는
바닷물이 고울시고

고와서 여수麗水려니
헐 마음 여기 적셔

보다 더
넓은 앞일을
궁리하여 보리라

불망비不忘碑

차창車窓에 봄이라네
골골마다 봄이라네

저 꽃을 피우려고
오만 일을 겪었는데

불망비不忘碑
길가에 선 채
봄이 온 줄 몰라라

영산강榮山江 우음偶吟
〈4〉 포전圃田길

소녀少女의 가슴 속이
영산강榮山江의
배추폭야

떠들막 지꺼리니
포전圃田 길을 걷고파라

이때면

황포黃布 돛배가
강江물 타고 오르리

난초蘭草

널 장수 삼년에
미역 장수 십년이래요

아버지 어머니
아버지
어머니

난초蘭草에
물주는 마음
아니 잊고 사려오

해바라기

<1>

임만을 우러르다
그 목숨을 다 한대도

올곧이 바쳐 보고
웃음으로 마치련다

끝끝내 정을 쏟우다
꽃이 돼도
해바라기…….

<2>

투박한 그 얼굴이
오달진
꽃판이라

고개가 굳어서도
임의 얼굴 놓지 않고

하늘도 좁은 품인 양
통거리로 안더라

양장시조兩章時調

1. 새벽길

사람의 흔적 없는

새벽길에 나서 보면

고운 빛
흩으러지게
나를 맞아 반긴다

2. 금붕어

어항 벽壁 천지天地 사이
솜 솜 솜 솜
무늬 일며

시혼詩魂을 머금은 채로
금붕어는 춤춘다

현진건玄鎭健 편篇

현진건 아호雅號 빙허憑虛

소설가小說家. 단기檀紀 4234년생年生

본적本籍 경북慶北 대구大邱

출신出身 동경독일어전수학교東京獨逸語專修學校 졸업卒業

저술著述 단편집短篇集 『조선의 얼굴』, 『타락자墮落者』, 『지새는 안개』

장편長篇 『적도赤道』, 『무영탑無影塔』

기타其他 수필隨筆 기행紀行 등等

특기特記 『백조白潮』 동인同人

『시대일보時代日報』·『조선일보朝鮮日報』·『동아일보東亞日報』 기자記者 역임歷任 창작생활創作生活

4274년年 별세別世

단군성적檀君聖跡 순례巡禮

1

이 자식 이 모양이
얼마나 미우실가

이 새끼 요 꼴아지
얼마나 화나시리

버레기 꼭지를 집는 듯
부들부들 떨린다

2

우뢰가 소리친다
벼락이 나리신다.

번개의 불채쭉이
더러힌 몸 바숴내네

돌아서 울으시는 양
훌쩍소리 들린다

3

님에게 올리올 것

향화香火도 차비 않고

님에게 드리올 것
제물祭物도 없어외라

신물信物로 이 피 올리니
반기실 줄 아옵네

4
잔사설 긴 푸념을
다 고만 두렵나다

열두 겹 싸인 한을
사뢰자니 목이 메네

이안을 데머다 보시니
두 말 할 줄 있으랴

5
벙어리 냉가슴을
님께와도 알탄 말이

흉장을 뚜드리매
쏟아나니 피눈물이

이 어대 두견화杜鵑花 피옵거든
저만 너겨 보소서

1932. 7. 『동아일보東亞日報』

박제상朴堤上

끓는 물도 차다시고 모진 매도 달다시네
살을 찝는 쇠가락도 허 새끼만 여기시네
비수匕首가 살을 오려도 태연자약 하시다

왼 몸에 불이 붙어 지글지글 타 오르되
웃음 띤 환한 얼굴 봄바람이 넘노는 듯
이 몸이 연기 되거든 고국으로 날려라

동해에 배 뜨나니 가신 임을 어이 하리
속절없는 피눈물에 잦아지니 목숨이라
사후에 넋이 곧 있으면 임의 뒤를 따르리라

치술재 빼낸 봉을 묻어 넘은 이 빗발아
열녀의 남은 한恨을 이제도 실었느냐
나그네 소매 젖으니 눈물인가 하노라

불국사기행佛國寺紀行에서

홍영의洪永義 편篇

홍영의 아호雅號 백웅白熊

문인文人. 단기檀紀 4246년생年生

본적本籍　강원江原 강릉江陵

주소住所　대구시大邱市 대명동大明洞 2426

출신出身　동양대학東洋大學 철학과哲學科

현직現職　경북문학협회慶北文學協會 사무국장事務局長

저술著述　수필집隨筆集『인생춘추人生春秋』,『사라수초沙羅樹抄』
장편長篇『애정백서愛情白書』 등等

특기特記　중앙대학中央大學 및 효성여자대학曉星女子大學 교수敎授 등等 역임歷任
1940년年에『동아일보東亞日報』에 시조時調 당선當選

봄

산록山麓 후미진 곳 망두석 묻혀 있고
묵은 밭 잔솔폭이 안윽한 두던 아래
까토리 날러간 뒤에 알 하나 둥굴더라

접동새 외로울고 고목枯木에 움 돋치고
사랑舍廊 앞 연蓮못에도 이끼가 푸르른데
내 홀로 옷자락 걷고 봄나들이 가노라

벽도화碧桃花 핀 마을에 배꽃이 더욱 곱다
어미소 우는 소리 목동牧童이 어이 알리
석교石橋에 나그네 한 분 지팡막대 멈추어라

1940. 6.『동아일보東亞日報』당선작當選作

흰 구름

흰 구름 뭉기뭉기 꽃인가 잎사귄가
꽃 같고 잎 같으니 창궁蒼穹이 선경仙境일세
선경仙境에 사호四晧 있으니 바둑 두러 가고저

흰구름 뭉실뭉실 피어나고 사라지니
은하수銀河水 모래밭에 발자욱이 번뜻번뜻

천녀天女의 목욕沐浴한 뒤람 나도 손발 씻고저

흰구름 둥실둥실 하늘산山 되었어라
하늘산山 봉峰이마다 오르는 길 있사오리
임께서 별 따러 갈 제 나도 따라 가고저

병술丙戌 하일夏日 작作 『사라수초沙羅樹抄』

김기호金琪鎬 편篇

김기호 아호雅號 무원蕪園

교육가敎育家. 단기檀紀 4245년생年生

본적本籍 경남慶南 거제巨濟

현재現在 거제군巨濟郡 하청河淸

출신出身 경성사범연습과京城師範演習科

현직現職 하청중·고교河淸中高 교장校長

저술著述 별무別無

특기特記 시조작時調作에 정진精進하고 있음.

1957년『동아일보東亞日報』신춘문예新春文藝 시조부時調部에 가작 입선佳作入選

청산곡青山曲

청산은 말 없어라 얼마로 깊은 하늘
가거나 또 오거나 백운이 쉬엄쉬엄
청산은 말이 없어라 내 청산에 오도다

청산은 말 없어라 일월이 지고 새는
억겁 또 수유란들 청산은 말 없어라
슬카장 가슴을 열라 내 청산에 오도다

1957.『동아東亞』 입선작入選作

할미꽃

지심地心에 사무쳐라
땅을 굽어 뿜는 불이

타고 다시 타서
타다 못 해 검붉어를

도리어 백수로 된들
탓할 것이 없어라

송포일기松浦日記

한겨울 외진 포구 배는 돌아 아니 오고
짧은 듯 겨운 해를 기약 없는 개살인데
달래어 두고 온 얼굴 지금 하마 어떤고

* 개살이: 포구생활浦口生活

모래 위 발자욱이 외로히 놓인 뒤에
한결 차거웁게 돌아 뵈는 조개껍질
무심코 거닐다 말고 눈을 감고 서도다

편집후기編輯後記

편집을 마치고

우리 조상들이 창조한 독특한 형식을 갖춘 시조가 많은 풍상風霜을 겪으면서도 오늘에도 살고 있다는 사실은 너무나 엄연儼然한 터이다.

그러나 이 형식이 낡았다느니 부자유스럽다느니 하는 이유로 현대시現代詩 대열隊列에 잘 들어설 수 없는 듯이 인상印象 되어져 가는 듯도 하다. 이것이 자연스러운 도태淘汰라면 구태여 막거나 뻿댈 필요도 없지만 역사의 변이變異에 따라 잘 모르므로 말미암아진 것이라면 되돌아보아 잘 일러 주고 깨우쳐 주어서 그대로 살아 나아갈 수 있는 길을 열어 줌이 옳다고 믿는 바이다.

이러한 생각에서 한말의 비운悲運을 만회挽回하려는 3·1三一의 민족 봉기民族蜂起를 전후하여 애국강분愛國慷憤의 노래들이 다시 이 형식으로도 발표되게 되었던 것이다. 육당六堂 님이 처음으로 시조를 지어낸 연대를 1903으로 추정推定한다면(일석一石 이희승李熙昇 선생先生 송수기념논총頌壽記念論叢 참조參照) 그 이후의 작품들을 현대시조라 볼 수 있겠다.

그러나 현대시조가 명실공名實共히 현대시군現代詩群에 재등장再登場하게 된 것은 역시 『백팔번뇌百八煩惱』 전후라고 말하고 싶다. 그리하여 이 '시조부흥時調復興'의 선봉에 서서 평필評筆과 아울러 창작에 이바지한 분들은 육당六堂, 춘원春園, 가람, 노산鷺山, 자산自山, 위당爲堂, 요한耀翰 등等 여러 선배님들이다. 그러므로 1925년경에서 40년경까지의 약 십오 년간을 현대시조의 활동기라고 부르고 싶다. 이 사이에 작품 활동을 한 분들은 앞서 든 분 외에 김오남金午男, 장두한張斗翰, 박노철朴魯哲, 조운曹雲, 고두동高斗東, 김영진金永鎭, 장하보張何步, 유동준兪東濬, 차일로車一路, 최서해崔曙海, 권구현權九玄, 고성孤星, 홍영의洪永義, 권덕규權悳奎, 황석대黃錫大, 송순일宋順鎰, 조종현趙宗玄, 조용훈趙鏞薰, 곡명穀明, 우이동인牛耳洞人, 이규방李奎昉, 설천雪泉, 박노홍朴魯洪, 정문학丁文鶴, 이묵주李默舟, 임인林人, 장인균張仁均, 고남영高南領, 유도순劉道順, 양진梁津, 박승걸朴承杰, 허연許然, 혜성慧星, 임동혁任東爀, 김길곤金吉坤, 김수영金壽泳, 오신혜吳信惠, 이호우李豪愚, 변영로卞榮魯, 이희승李熙昇 님 등이요, 시조의 이론과 작품을 발표해준 곳은 『동아일보東亞日報』를 위시爲始한 『조선일보朝鮮日報』 『신동아新東亞』 『조광朝光』 『여성女性』 『사해공론四海公論』 『조선문단朝鮮文壇』 『문장文章』 등이었다. 일제 말의 암흑기를 거쳐 해방의 광명을 얻자 시조 문학도 재생되려다가 6·25 동란을 치르고 수복한 이후부터 재건의 망치 소리도 우렁차게 오늘의 발전기를 맞이하게 된 것이다. 이것이 꼭 발전기가 될는지는 한 과제이나 아무렇든 현재로서는 다행한 일이라 아니할 수 없다.

이렇게 살아온 시조들을 낱낱이 거두어 그릇에 담아 영원히 보존할 수 없을가 하는 일념一念을 금禁ㅎ지 못하여 해방 이후 이 일을 계속하여 왔었다. 5년 전부터 작품을 수집하기 시작하여서 재작년 여름까지에 일단락 지어가지고 모출판사某出版社에 넘겼었다. 물론 은사恩師 가람 님의 의사意思를 충분히 받았고 발견 못하고 애쓰던 「님의 심금心琴」이라는 시조집時調集도 가지고 계셔서 즉卽 원고에 의한 작품채택作品採擇에 합의合意를 보았다. 그러나 사社의 형편이 여의치 못하여서 작년 1월에 원고 뭉치를 다시 찾아오고 말았다. 그래도 희망을 버리지 않고 아세아재단亞細亞財團의 문을 두들겼다. 그 원조 용지가 나오게 결정된 것이 객납초客臘初이었다. 이에 용기를 얻은 후 겨울 방학 40일을 이대梨大 제자 6, 7인과 함께 국립도서관國立圖書館에 파묻혀서 『동아일보東亞日報』 등을 창간호에서부터 모조리 더듬으며 자료를 가려 보았다. 2월 초부터 조판組版에 착수한 것이 겨우 오늘에야 결말을 보게 된 것이다. 그동안에 원고수집과 작자의 약력조사略歷調查며 사진 등의 수합과 재정리에 진땀을 흘렸다. 한 분의 거취를 살피기 위하여 반년을 허비한 일도 있고 만 2년을 두고 찾다 못한 분도 있다.

고심담苦心談은 그만두고 실제로 이 책을 엮는 데에 힘쓴 바를 밝혀 두고자 한다.

첫째로 이 책은 『가곡원류歌曲源流』와 『시조류취時調類聚』 이후 현대시조로 등장登場한 반세기 간의 시조 작품의 대부분을 작가본위作家本位로 수록收錄한 것이다. 재래의 작품집은 일인일편식一人一篇式이어서 한 작가의 작품의 경향이나 시상이나 과정 등을 충분히 붙잡을 수 없었다고 본 까닭으로 한 분의 작품을 연대별로 또는 작품 작품의 특징들을 살펴 가면서 수편씩을 선정하였다.

둘째로 이 책에서 시조사적時調史的 또는 현대시조의 발자취와 현황을 광범하게 살필 수 있도록 시조시인 이외의 작품들도 많이 수록하였다. 한 문헌적 연구 자료에 쓰일 수 있고 널리 작품을 감상할 수 있도록 엮어 보았다.

셋째로 이 작품선정과 작가소개의 기준은 4290년 말 현재로 하였으며 이미 작품집을 낸 31명에 대하여서는 우선적으로 채록하기로 하고 기타는 계속하여 수년간 발표된 작품들 중에서 추려 넣은 것이다. 작품 연대는 편의상 서기를 썼다.

넷째로 기사형식記寫形式은 부록 A, B와 같이 작자의 형식들을 한둘씩 그대로 살리기로 하여서 현대시조의 시적 감각이나 상념들을 시각적으로도 느낄 수 있도록 한 의도를 충분히 고려하였다.

다섯째로 대개의 작품 선정이 편자編者의 주관主觀에 의한 것이나 여러 가지 작풍作風과 시상詩想을 엿볼 수 있도록 주의하였고 또한 반세기 간의 우리의 생활이나 호흡이나 감정과 사상 등을 알게 하기 위하여 기행시紀行詩와 풍물시風物詩 등을 많이 넣었다.

여섯째로 형식이 창唱에 맞는 3·4, 4·4조에 구애됨이 없이 지은 작품들도 뽑았고 혹은 종장 첫 구가 2·4조로 된 것도 한 수首 있다. 그렇다고 평시조의 운율를 무시한 작품을 널리 용납시키자는 주장은 물론 아니다. 한 구의 자수字數가 7자字 내외라면 창법에 별 지장이 없게 되는 것이므로 7자字를 중심으로 한 안에서의 변조變調는 많이 인정하였다.

일곱째로 작품 중 양장시조兩章時調의 시험試驗은 성공하였으나 사설시조의 그것은 실패에 돌아가고 만 것 같다. 몇 편의 작품을 넣기는 하였으나 그것들이 한 습작품일 뿐 옛 사설시조류의 운율 있는 자유성을 답습踏襲하지는 못한 듯하나 후일을 위하여 넣어 두었다.

여덟째로 맞춤법과 띄어쓰기는 통일안統一案에 의하였지마는 특이한 방언方言 등은 작자의 말을 살렸다.

이와 같은 점들을 고려하면서 편집하였다. 다시 말하거니와 이 책은 신문학 50년 간의 새 시조를 걷어 모아서 문헌적 정리를 하느라고 하였기 때문에 금조각도 은가루도 혹은 돌 부스러기도 조심조심 담아 보았다. 그러므로 시조연구의 자료로나 작품의 감상용으로나 또는 송영誦詠 등의 대본臺本으로도 사용될 수 있을 것이다. 많은 독자를 얻는다면 편자編者의 기쁨은 말할 것도 없고 이것이 곧 시조 발전의 전도前途를 축복하는 것이 되리라고 믿는다. 앞으로 『시조문학전집時調文學全集』(1. 『현대시조선총現

代時調選叢』, 2. 『고시조전총古時調全叢』, 3. 『고금시조걸작선古今時調傑作選』, 4. 『시조연구론총時調研究論叢』, 5. 『시조발달사時調發達史』)을 계획 중인데, 기중其中 『고금시조걸작선古今時調傑作選』에는 고금古今의 대표작代表作들을 엄선嚴選하여서 작품으로서 현대시조의 신면모新面貌를 자랑할 수 있는 것으로 가려 보려 하는 바이다.

끝으로 한결같은 열의로 힘을 합하여 주신 가람 스승과 시조를 동호同好 하는 여러분의 건강을 빌며 한편 사양 없는 질정叱正이 있기를 바라마지 않는다. 이번 편집에 음양陰陽으로 염려하여 주신 여러분께와 특히 서문序文을 베푸신 일석一石 스승, 제자題字를 주신 일중一中 형, 장정裝釘을 맡아주신 박수근朴壽根 형, 기타 이 일을 내 일 같이 도와주신 황산皇山, 소안素眼, 조종현趙宗玄, 약천若泉, 운초云初 님 및 제자들에게 거듭 깊은 감사를 표하는 바이다. 우리 문화재의 정리에 막대한 원조援助를 기울여 주신 아세아재단亞細亞財團에 영광 있기를 거듭 빌어 마지않으면서 이 붓을 놓는다. 미치未治한 점을 부끄러워하면서—.

단기 4291년 4월 5일 청명일淸明日에

- 가람 스승의 완쾌를 충심으로 빌며 동망산방東望山房 서창西窓 가에서 -

월하月河 씀

▌부록표

代時調記寫形式一覽 篇數單位

- 4290.12. 31. 現在 -

現代別順位	書名	三章三行式 (十二句體)	三章三行式 (六句體)	五行式 (三章意識)	六行式 (六句體)	七式式 (三章意識)	八行式 (三章意識)	九行式 (三章意識)	十行式 (三章意識)
1	百八煩惱	—	— —	—	37	—	—	—	—
2	鳳仙花	—	— 67	— —	10	—	—	— —	
3	鷺山時調集	106	— —	— —	—	— —	— —	— —	—
4	님의 心琴	—	90 —	— —	— —	—	— —	— —	—
5	琴線	88	40 —	— —	— —	— —	— —	— —	—
6	時調詩學	120	10 70	—	— —	— —	— —	—	—
7	望洋亭	—	— —	6	—	— 18	6	2	—
8	出帆	52	— —	— —	30	—	— —	—	—
9	草笛	—	— —	— —	—	—	— —	—	—
10	금잔듸	—	— 25	— —	— —	— —	— —	—	—
11	曺某時調集	—	35 13	— —	— —	— —	— —	—	—
12	嘉藍時調集	—	—	— —	— —	— —	— —	— —	—
13	박꽃	21	71	— —	—	— —	— —	— —	—
14	蒼園時調集	49	76	— —	2	— —	— —	— —	—
15	柔園時調集	59	21	9	25	— —	—	— —	—
16	走馬看山	34	—	—	114	—	29	— —	
17	木蓮花	55	— 13	— —	39	3	—	— —	
18	時調集	160	— —	— —	—	—	6	—	
19	信愛譜	—			—	—	—	30	
20	素汀詩抄	—			41	—	9	—	
21	靑苧集	— —			7	8		3	
22	물오리	— —			—				
23	碧梧桐	— —			1				
24	爾豪愚時調集	— 83			—				
25	春園時調集	—			21				
26	銀魚	176							
27	不忘碑	—							
28	心影								
29	落穗帖								
30	山川의 香氣								
31	山窓日記								
計		1,003	531	15	297	61	50	37	2

現代時調의 單·連形一覽

-4290. 12. 31. 現在-

發行年代別順位	書名	著者名	發行年月日	純·合別	單形	連形												總篇數	總首數	備考
					1首1篇	2수1편	3수1편	4수1편	5수1편	6수1편	7수1편	8수1편	9수1편	10수1편	18수1편	41수1편	48수1편			
1	百八煩惱	崔南善	1926.12.1	純	12		21	0	0	0	0	0	4	0	0	0	0	37	111	
2	鳳仙花	朱耀翰	1930.10.20.	合	4	1	1	2	1	0	1	1	0	0	0	0	0	11	37	
3	鷺山時調集	李殷相	1931.4.18	純	26	42	28	3	2	0	0	0	1	4	0	0	0	106	265	時調와小曲集
4	님의 心琴	金禧圭	1935. 2. 1	純	27	19	18	3	0	0	0	0	0	0	0	0	0	65	150	亂調.兩章.句含
5	琴線	張貞心	1939.11.26.	合	88	0	0	0	0	0	0	0	0	0	0	0	0	88	88	
6	時調詩學	安 廓	1940.4.25	合	101	9	5	3	1	0	1	0	0	0	0	0	0	120	158	抒情詩.時調
7	望洋亭	吳信惠	1940.12. 3	純	44	21	20	5	0	0	0	0	0	0	0	0	0	90	166	童詩. 4版發行
8	出帆	梁相卿	1947.1.1	純	13	21	8	3	4	1	0	2	0	0	0	0	0	52	133	時調 概說과合
9	草笛	金相沃	1947.4.15	純	6	19	11	2	1	0	0	0	0	0	0	0	0	39	90	사설시조句含
10	금잔듸	金 億	1947.4.10	漢詩譯調	李朝	女流	漢詩	의	時	調譯										
11	曺某時調集	曺 某	1947.5.5	純	58	5	5	2	1	0	0	0	1	0	0	0	0	72	106	사설시조句含
12	嘉藍時調集	李秉岐	1947.9.20	純	4	36	19	5	3	1	0	1	0	0	0	0	0	70	194	
13	박꽃	李熙昇	1947.12.15.	合	6	1	12	1	1	0	0	0	0	0	0	0	0	21	53	自由詩와合
14	薝園時調集	鄭寅普	1948.2.5	純	1	4	15	1	4	8	2	3	1	4	1	0	0	44	227	
15	柔園時調集	朴宗玉	1948.10.20.	純	13	14	7	7	2	2	1	0	1	0	0	1	0	48	169	
16	走馬看山	朴一松	1952.4.25	合	29	22	5	3	0	0	0	0	0	0	0	0	0	59	100	短歌.新詩와合
17	木蓮花	同	1953.3.20	合	1	17	14	0	1	1	0	0	0	0	0	0	0	34	88	新詩와合
18	時調集	金午男	1953.5.25	純	34	13	3	3	1	1	0	0	0	0	0	0	0	55	92	
19	信愛譜	朴璐默	1953. 6.15	合	132	13	6	3	4	1	0	0	0	0	0	0	1	160	262	民謠詩와合
20	素汀詩抄	徐定鳳	1953.9.1	合	19	5	3	0	0	0	0	0	0	0	0	0	0	27	38	
21	靑苧集	이영도	1954.1.7	純	29	24	4	4	1	0	0	0	0	0	0	0	0	62	110	
22	물오리	李應昌	1905.4.10	純	114	11	2	0	0	0	0	0	0	0	0	0	0	127	142	
23	碧梧桐	丁 薰	1955.5.11	純	33	3	2	1	0	0	0	0	0	0	0	0	0	39	49	
24	爾豪愚時調集	李鎬雨	1955.6.20	純	29	13	17	12	0	0	0	0	0	0	0	0	0	71	154	
25	春園時調集	李光洙	1955.7.15	合	18	6	34	9	6	2	0	0	1	0	0	0	0	76	219	
26	銀魚	崔聖淵	1955.12.3.	純	55	8	2	6	0	0	0	0	0	0	0	0	0	71	91	
27	不忘碑	許 演	1956.3.1	純	69	0	0	0	0	0	0	0	0	0	0	0	0	69	69	
28	心影	金午男	1956.3.1	純	58	23	1	1	0	0	0	0	0	0	0	0	0	83	111	
29	落穗帖	朴炳淳	1956.4.15	合	36	13	2	0	0	0	0	0	0	0	0	0	0	55	91	
30	山川의 香氣	金昌浩	1956.10.5	合	172	2	2	0	0	0	0	0	0	0	0	0	0	176	182	紀行時調 再版
31	山窓日記	鄭韶坡	1957.12.10.	純	21	3	5	9	0	4	0	0	0	0	0	0	0	42	102	兩章時調 6수
	合 計				1252	368	272	90	33	21	5	7	7	9	1	1	1	2069	3847	

李秉岐·李泰極 共編

現代時調選叢

— 時調文學全集 1 —

값 1. 000환

단기 4291. 3.25. 인쇄　　단기 4291. 4.10. 발행

발행처　**새 글 社**

서울특별시 중구 소공동特別市中區小公洞 112의 25

인쇄소　**京 和 印 刷 所**

서울특별시 서대문구 교남동特別市西大門區橋南洞 14

원 색　**동아출판사東亞出版社 공무부工務部**

(4291년 2월 5일 등록 제704호)

[부록] 시조선집 상세목록

20권) 시조선집 Ⅰ 단행본 잡지

1. 시조선집					
1	歷代時調選	1940	박문출판사	이병기 교주	
2	名時調鑑賞	1958	박영사	이병기 신석정 공저	
3	시조전집 時調集	1936 1945	중앙인서관 三文社	신명균 편 이병기 교열	신명균의 저술이라, 본 전집에는 수록치 않음
2. 잡지 시조선					
4	古時調選	1940.3.	문장 2권 3호	이병기 선	

21권) 시조선집 Ⅱ

3. 시조선집					
5	現代時調選叢	1958	새글社	이병기·이태극 공편	

가람 이병기 전집 ㉑

시조선집 Ⅱ

지은이 이병기
펴낸이 양오봉
펴낸곳 전북대학교출판문화원

초판 1쇄 인쇄 2024. 12. 16
초판 1쇄 발행 2024. 12. 25

전북대학교출판문화원 전북특별자치도 전주시 완산구 어진길 32 (풍남동2가)
전화 (063) 219-5319~5322
FAX (063) 219-5323
출판등록 2012년 8월 20일 제465-2012-000021호

값 34,000원

ISBN 979-11-6372-235-9 04810
ISBN 979-11-87892-59-5(세트) 04810

* 이 책은 2024년도 익산시와 전라북도의 지원에 의해 간행되었습니다.